メキシコ先住民の反乱

敗れ去りし者たちの記録

山﨑眞次［著］

成文堂

はしがき

歴史は勝者が語るものである。しかし勝者の証言のみで綴られた記録が真実とは限らない。不都合な真実は、時の権力者により隠蔽されるのが常である。勝者の陰には常に敗者があり、荒野に横たわる累々たる屍は何も語らない。歴史を正視しようとする者は、その声なき声に耳を傾け、古文書の断片を拾い集め、注意深くつなぎあわせ、あるべき真の歴史を形作っていかなければならない。証言の矛盾点、綻びの中に真実を知る手掛かりがある。手掛かりを多面的な角度から考察してゆくことで公平な審判をくだせるのではないだろうか。敗者の歴史は往々にして、権力に対する抵抗の歴史である。ある時は平穏な生活を脅かす侵入者への抵抗、ある時は彼らを搾取する者への抵抗、また、ある時は彼らの存在そのものを抹殺しようとする者への抵抗である。勝算の見込みはほとんどないが、しかし、やむに已まれぬ状況が彼らを立ち向かわせる。敗者の側になんら落ち度がないにもかかわらず、侵略者の独善的な理論によって歴史は正当化されてきた。勝者の論理に従えば、敗者は無知蒙昧、怠惰、劣等であるから、踏み潰しても構わないものとして片づけられる。新しい征服者にとって先住者は余計なものであり、彼らによって耕された農地、彼らによって飼育された家畜、彼らによって育てられた人間ですら新しい征服者にとっては略奪してしかるべきものである。本書の意図は彼らの無念を代弁して、彼らの失われた歴史を蘇生することである。そして祖先の文化と伝統を受け継ぐ先住民たちに先人たちの誇りと矜持を喚起させ、生を肯定させる一石ともなれば幸甚である。

二〇一四年一〇月

山﨑眞次

目　次

初出一覧

第1章　ユカタン半島のカスタ戦争

「ユカタン半島のカスタ戦争」ラテンアメリカ協会『ラテンアメリカ時報』（一三八八）二〇〇九年秋号、二〇〇九年一〇月

「ハシント・カネックの反乱」早稲田大学政治経済学部『教養諸学研究』一二九号、二〇一〇年一二月

第2章　チャルコの農民、フリオ・ロペスの反乱

「チャルコの農民、フリオ・ロペスの反乱」京都ラテンアメリカ研究所（京都外国語大学）『紀要』一二号、二〇一二年一二月

第3章　アリカの虎、マヌエル・ロサダの反乱

「アリカの虎、マヌエル・ロサダの反乱一」早稲田大学政治経済学部『教養諸学研究』一三〇号、二〇一一年三月

「アリカの虎、マヌエル・ロサダの反乱二」早稲田大学政治経済学部『教養諸学研究』一三一号、二〇一一年一二月

第4章　ヤキ族の反乱

「一九世紀のメキシコにおけるヤキ族の反乱」『ラテンアメリカ世界のことばと文化』畑惠子・山﨑眞次編著、成文堂、二〇〇九年七月

「ヤキ族の反乱」京都ラテンアメリカ研究所（京都外国語大学）『紀要』一三号、二〇一三年一二月

序章

ソトゥータの首長、ナチ・ココムの銅像
ナチ・ココムはスペインの征服者に対して敢然と立ち向かい、スペイン軍と同盟したシウ家のマヤ先住民軍を打ち破った。またユカタン司教のディエゴ・デ・ランダがマヤ文字とアルファベットの対照表を作成したときの情報提供者でもある。

3　先住民農民の反乱要因

メキシコの南部、チアパス州で一九九四年一月にサパティスタ民族解放軍（ＥＺＬＮ）が武装蜂起した。国内の社会階層の中で最も貧しいマヤ系先住民が、連邦政府のネオリベラリズム推進政策に反発し、チアパス州の密林の深奥から中央政府と州政府に対して強烈な異議申し立てを行ったのである。サパティスタが武装蜂起した原因として、先住民を置き去りにして第一世界入りを目指し、ＮＡＦＴＡ（北米自由貿易協定）を締結したことへの反発もあるが、それ以上に、メキシコの先住民が長年、直面してきた差別、迫害、貧困がある。白人やメスティーソ（白人と先住民の混血）は科学的根拠のない人種主義を掲げて、先住民の政治参加を制限し、社会の周辺者に対する暴力的迫害に加え、経済的搾取を行ってきた。メキシコの人口の七・一％（六〇四万四五四七人）[1]を占める先住民は、これらの政治的差別、経済的格差、社会的不正義に対して二一世紀の現在においても全国各地で裁判や公共物の占拠、道路封鎖、デモ行進を行い、政府に対して彼らの差別的状況の撤廃・改善を訴えている。

現代メキシコの先住民の鬱積した不平・不満の解決には、彼らが被った過去の苦難の歴史を調査・研究することが重要である。歴史というものは、Ｅ・Ｈ・カーがいみじくも指摘したように「現在と過去の対話である」。本書執筆の目的は、先住民の武装蜂起を介して一九世紀のメキシコ史の全体像を俯瞰し、現代の先住民が抱える様々な問題の原因を探ることである。

メキシコの先住民は、スペイン人から一六世紀に軍事的精神的に征服されて以降、一部の例外はあるが一九世紀初頭の独立まで王室官吏によって管理統治され、アセンダド（大農園主）から経済的搾取を受けた。他方、先住民側は、支配下に置かれた植民地時代の三〇〇年間、唯々諾々と隷従状態に甘んじてきたわけではなく、ユカタン半島のハシント・カネクのような大規模な反乱が勃発したこともあったが、概して反乱の規模は小さく、局地的、散発的であった。だが、一八世紀後半から、先住民の反乱が徐々に増え始め、スペインからの独立以降は全国各地で発生した。[2]そして反乱した先住民はほぼ伝統的農民共同体に帰属していたので、これらの反乱は農民共同体の権利侵害に対する先住民の武装蜂起と言える。

一八世紀後半以降のメキシコにおける先住民の反乱増加の原因として、先行研究では次の四点が指摘されている。

①アセンダドが先住民農民から土地を強奪した。
②一八世紀末から先住民農民人口が増加したために土地が不足した。
③一九世紀半ばに公布された「永代所有財産解体法」（レルド法）[3]によって、先住民の農民共同体が解体され、農民が土地を失った。
④富裕な白人アセンダドと貧しい先住民農民の間に土地をめぐるエスニックな闘争が起こった。

先住民農民反乱というものは、その発生が一要因によって説明できるほど単純なものではない。いくつかの複合的要因が複雑に絡み合い次第に大きな反乱に拡大していくことは容易に推測できる。その前提を肯定しつつも、本書は一本の中心軸を設定することによって、メキシコの先住民農民反乱を分析する方法を取る。つまり本書の仮説として、土地の争奪戦やエスニックな人種間闘争という経済的・社会的な反乱要因の他に、公的アクターである政府の調停機能の低下・放棄を独自の反乱要因としてあげる。公的アクターが、私的アクターであるアセンダドと共同的アクターである先住民農民間の土地紛争を解決するための努力を怠った、あるいは放棄したために、先住民農民が反乱という道を選択せざるを得なかった、と考察する。この仮説は、ブライアン・ハムネットの「植民地末期に頻発した先住民農民反乱が大反乱に発展しなかった理由は、先住民農民の不満の吸収、合法的修復の提案、特に先スペイン期から保持されてきた農民共同体の存続を保証するという植民地システムが機能し、副王庁がアセンダドと先住民農民間の調停者の役割を果たしたからである」[4]という植民地期の反乱に関する見解を参考にした。

スペイン植民地時代には、土地問題でアセンダドと先住民農民間に争いが発生すると、政府が介入し、公正な裁断を下す場合が多かったので、先住民農民にはそれほど不満は募らず、反乱につながることは少なかった。だが、独立以降は政府がアセンダドと結託し、先住民農民の土地所有権を侵害したので、孤立した先住民農民は反乱に追い込まれた。政治権力と経済権力の癒着は、独立以降の社会的混迷期における政治の安定化と経済の回復を目指す両者の利害の一致によって生まれた。公的・私的二つのアクターが結託して搾取の矛先を弱者である共同的アクターの先住民農民に向けたのである。

一九世紀のメキシコは反乱の時代であるが、メキシコ各地で勃発した主要な先住民反乱の原因と経過を分析してみると、そこには地域ごとの独自性と同時に類似性も観察される。ユカタンのカスタ戦争とチアパス州のクスカットの反乱においては「語る聖像」という宗教的シンボルの存在が顕著であり、チャルコのフリオ・ロペスの反乱とイダルゴ州のシエラ・ゴルダの反乱には社会主義の影響が共通項として存在する。ハリスコ州のマヌエル・ロサダの反乱とゲレロ州のファン・アルバレスの反乱においては強力なリーダーシップを発揮したメスティーソの存在が浮かび上がる。そこで、本書では、類似度の高い反乱の重複研究は行わず、反乱をその独自性と地域性、さらには収集可能な史料の多寡を基準にして四地域を選別した。次に選別した四地域、南東部のユカタン半島、中央部のチャルコ、西部のハリスコ州、北西部のソノラ州の先住民農民の反乱に関して、植民地時代から一九世紀までの反乱のメカニズムについて、エスニック性、カトリック教、土着宗教、政府の統治力、地理的条件、軍事力、リーダーシップという七変数に基づき検証した。

論考を進めるに当たっては、植民地時代に副王庁がアセンダドと先住民農民間の調停機能を果たしたことについてはブライアン・ハムネットの主張にほぼ依拠し、紙幅の大部分を一九世紀の先住民の反乱の調査と分析に割く。また、本書では、ヨーロッパ人が渡来する以前からアメリカ大陸に居住していた人々とその子孫を「先住民」という用語で表現する。引用したスペイン語の資料には、「先住民」は「インディオ」、「インディヘナ」という言葉で記されている。三つの用語が本文中に混在しているが同義である。「先住民」は独自の文化（言語、慣習、宗教）を保持していることによって、「非先住民」である白人、クリオージョ（中南米生まれのスペイン人）、メスティーソ（白人と先住民の混血）、黒人等と差異化する。地名と人名の表記は、できるだけ原音に従ったが、慣用を優先させた場合もある。

（1） 五歳以上の総人口八四七九万四四五九人に占める先住民言語使用者の割合。国立地理情報統計院（INEGI）、二〇〇〇年。

(2) Coatsworth, John H. pp. 30-39. "Patterns of Rural Rebellion in Latin America : Mexico in Comparative Perspective", Katz, Friedrich, Riot, Rebellion, and Revolution, Princeton University Press, New Jersey 1988. 一七五〇年から一八九九までに発生した反乱数は一九八件に達し、一八世紀後半以降、農民反乱が増加した。

(3) レルド法の正式名称は、「永代所有財産解体法」である。一八六五年六月に大蔵大臣のミゲル・レルド・デ・テハダによって立法化されたので、通称「レルド法」と呼ばれている。法人の所有する不動産の私有化を図った法律で、その主な対象は教会所有の土地であったが、先住民の共有地も含まれる。第3章第4節を参照されたし。

(4) Hamnett, Brian R. p. 74, p. 85, Roots of Insurgency. Mexican regions, 1750-1824. Cambridge University Press, Cambridge 1986.

図1　4反乱地域

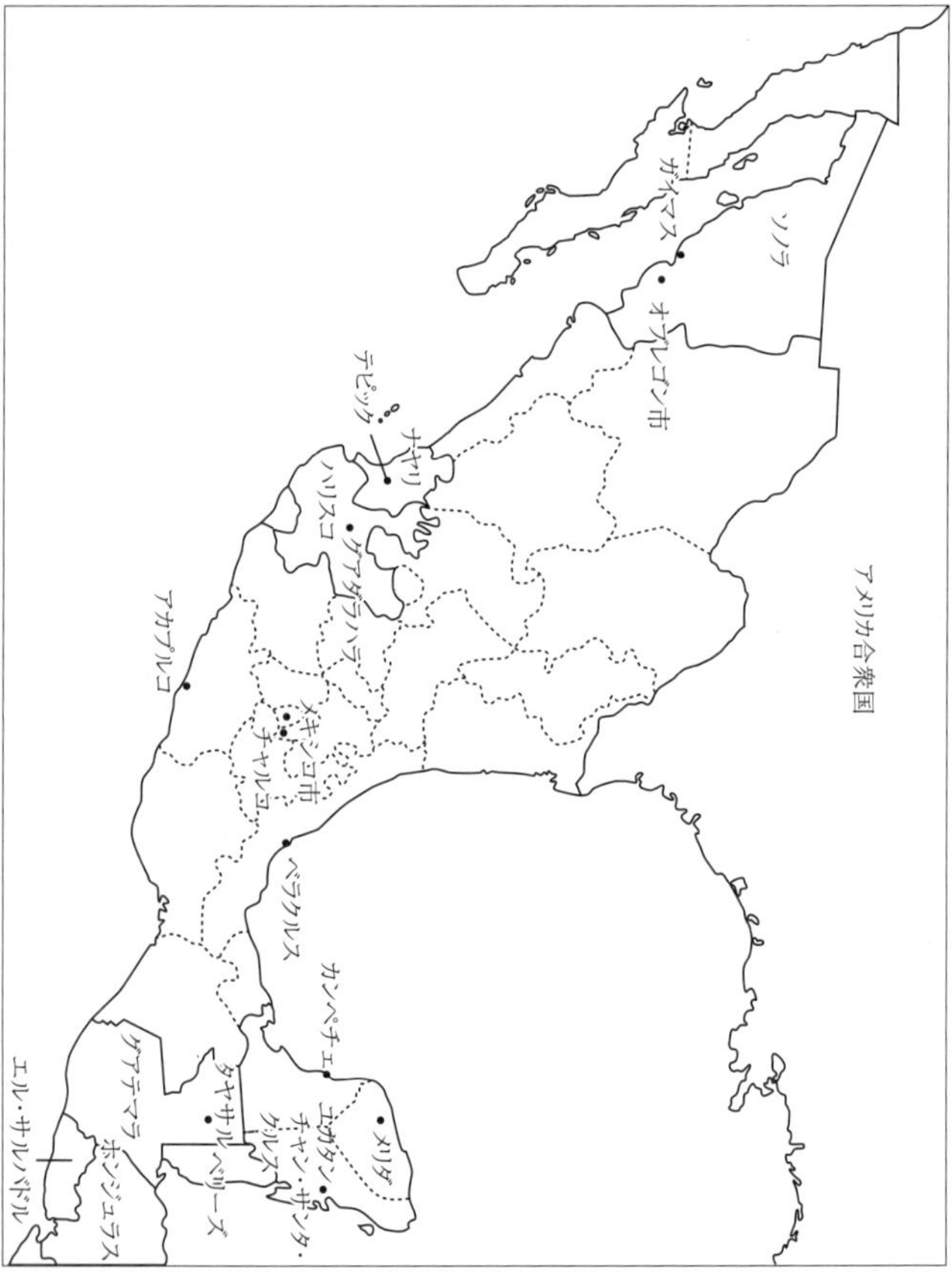
ソノラ
ガイマス
オブレゴン市
テピック
ナヤリ
ハリスコ
グアダラハラ
アメリカ合衆国
アカプルコ
メキシコ市
チャルコ
ベラクルス
カンペチェ
メリダ
ユカタン
チャン・サンタ・
クルス
タヤサル
ベリーズ
グアテマラ
ホンジュラス
エル・サルバドル

第1章

ユカタン半島のカスタ戦争

語る十字架（撮影：著者）
フェリペ・カリジョ・プエルト（旧チャン・サンタ・クルス）の国道沿いに立つ「語る十字架」。現在でも「語る十字架」信仰は失われていない。

初めに

　一五二一年にエルナン・コルテスがアステカ帝国を征服してから、メキシコの植民地時代が始まった。そして、一八二一年にスペインから独立するまで三〇〇年間続いた。その間征服された先住民の武装蜂起が散見されるが、独立後、先住民の反乱は一挙に激増した。一九世紀の先住民の反乱のなかで、その規模と持続した年数を考慮すると、一八四七年にユカタン半島で勃発し、五〇年間に二〇万人以上の死者を出した「カスタ戦争」[1]に比肩できるものはない。カスタ戦争に関して執筆された一九世紀の史料の見解は、大きく二分される。

　一つは、当該戦争の原因を野蛮なマヤ先住民[2]が文明人である白人を排斥するために生じたとする見方である。もう一つは、白人が貧しい先住民から過酷な税金を取り立て、さらに彼らを白人エリート間の争いに利用した結果、戦争が勃発し、長期化したと見なす、必ずしも先住民に戦争原因を求めない見方である。前者の代表格は、ユカタン州政府の政治家で知識人でもあったフスト・シエラ・オレイリーである。彼はカスタ戦争を「野蛮と文明の対立」という人種間の二項対立的手法で分析している[3]。ユカタン州知事を務めたエリヒオ・アンコナは、植民地時代から形成されたマヤ先住民の白人に対する憎悪と復讐心をカスタ戦争の原因であるとした[4]。また、一九世紀に発行された保守系新聞も、カスタ戦争を「文明と野蛮」という対立的構図で捉え、危険分子を軍事力で制圧すべきであると主張した[5]。貧しく野蛮な先住民族マヤと豊かで進歩的白人のエスニックな対立をカスタ戦争の原因とする論調は、一九世紀の歴史家、政治家、聖職者、保守系新聞編集者の多くに共有されている。

一方、後者の論客のひとりとして知識人のフランシスコ・ピメンテルが挙げられる。ピメンテルは、マヤ・インディオ（先住民）は決して人種的に白人に劣るものではなく、一六世紀以降の従属の歴史が彼らを奴隷化し、その結果二人種の対立が生まれ、戦争を生み出したと主張する。(6) カスタ戦争の浩瀚な歴史書を認めたセラピオ・バケイロは、白人とマヤ・インディオ間の相互不信が凄惨な戦争に発展したという見解を示し、マヤの非道な行為は、白人が課したマヤへの過酷な刑罰への恐れから生じたと述べ、必ずしもマヤを非難していない。(7) ユカタンの司教、カリジョ・イ・アンコナは、自由主義派がマヤを教会から遠ざけ、さらにマヤに約束した教会税の廃止を実行しなかったことが、カスタ戦争を勃発させた、と主張する。(8)

さて、二〇世紀におけるカスタ戦争の研究は、一九世紀の史料を踏まえさまざまに展開されてきた。ゴンサレス・ナバロは、マヤに課された高い市民税と教会税が、主要な紛争の原因と主張する。(9) ネルソン・リードは、その意欲的な著書「カスタ戦争」で紙幅の多くを「語る十字架」に支配されたクルソー（反乱マヤ）の活動に割き、聖地チャン・サンタ・クルスが果たした宗教的重要性を力説している。(10) それに対してテリー・ラゲリーは、先行研究が、「語る十字架」に偏重した文化本質主義に陥り、社会的・政治的観点からの研究が乏しいことを指摘したうえで、「マヤ農民に向けられた度重なる抑圧が、農民反乱を誘発した」と述べている。(11) カレアガは、反乱軍には白人、メスティーソが参戦し、しかもインディオが体制派と反乱派に分裂してお互い干戈を交えたことを勘考すれば、厳密にはカスタ戦争はエスニック対立戦争ではない、と主張する。(12)

最近の研究動向では、エスニック的対立や憎悪を戦争の一因と認めるものの、市民税・教会税・賦役の負担という経済的要因、「語る十字架」に惹起されたメシア思想という宗教的要因、メリダとカンペチェのエリート間の対立や確執という政治的要因等を総合的に俯瞰して、カスタ戦争の本質を見極めようとしている。

本章では、戦争勃発と継続が一要因によるものではなく、複合的なものであるという認識の下に、教会と農園主から搾取されるマヤ農民を庇護すべき政府が、その調停者としての役割を果たさなかったばかりか、逆にマヤ農民の搾取者となったこともカスタ戦争発生の要因ではなかったのか、という仮説の下に検証を試みる。

第1節　ユカタン半島の征服

メキシコの先住民古代史を通覧すると、ユカタン半島には一〇世紀に大きな転機が訪れる。メキシコ中央高原から到来した異民族が半島に侵入し、それまでのマヤ土着の支配者を駆逐して、新しい支配体制を敷いたからである。この新体制は侵入者トルテカ族と土着のマヤ族の両文明を融合させたマヤ・トルテカ文明を創造した。その中心都市として繁栄したのがチチェン・イツァーである。[13]チチェン・イツァーはウシュマル、マヤパンと連携して三都市同盟を結び、一三世紀までユカタン半島を支配した。しかし、同盟は内部対立から崩壊し、マヤパンが主導権を握ると、イツァー族の大半は南へ移住し、「カネク」を指導者の称号とする王国をペテン地方（現在のグアテマラ北部）のタヤサルに建設した。その後、マヤパンの支配者であったココム家のほとんどは一五世紀に西から侵入してきたシウ家に殺害され、マヤパンの覇権も終焉した。その結果、半島全土には小都市が乱立する政治的分裂が続き、ココム家の生き残りは中央部のソトゥタを本拠地とし、シウ家は西部のマニを拠点とした。スペイン人のユカタン半島侵略を目前に控えて、イツァー家の末裔であるココム家と半島外から侵入したシウ家との血なまぐさい確執が長年にわたり繰り返されていたのである。

　スペインの前線総督フランシスコ・デ・モンテホは、ユカタンの征服に関して一五二六年にスペイン王室と取り交わしたグラナダ協約書に基づき、王室の支配権を否定し、抵抗するインディオは有無を言わさず奴隷化した。奴隷となったインディオは主のもとで過酷な労働に従事させられるか、売買された。この冷酷なやり方はインディオの憎悪を募らせ、各地で武力抵抗が相次いだ。それに対して、モンテホ軍は厳罰で臨み、ウアイミルとチェトゥマルでは捕らえた住民の鼻、耳、手を切除し、女性をセノーテ（泉）に投げ込んだ[14]。ユカタンの征服に参加したスペイン人たちが容赦なくインディオの奴隷化に走った理由のひとつは、メキシコ中央高原のように金銀等の鉱物資源が産出しないことにあった。征服の報償に求めた希少金属が存在しなかったことが、その代償としてインディオという人的資源の過酷な搾取につながった。

　しかし、すべてのマヤのインディオがモンテホに逆らったわけではない。前述したココム家とシウ家の積年の部族間対立が、スペイン人の侵略を前にして、マヤを抵抗派と協力派に分裂させた。ココム家の指導者ナチ・ココムはスペイン人への協力を申し出たシウ家の使者たちを一五三七年に暗殺した。半島西部地域のカンペチェ、マニ、アー・カヌル、セー・ペチ、アー・キン・チェルはスペイン側に付き、半島中央部地域のソトゥタ、コチュアー、クプルと南東部のウアイミル、チェトゥマルは同盟を結び、抵抗の道を選択した。[15] こうして一五二六年から開始されたユカタンの征服戦争は、ココム家を核とするマヤ同盟軍の激しい抵抗にあい、フランシスコ・デ・モンテホ軍は敗北を喫した。しかし、モンテホはマヤの協力派の支援を受け、一五四二年、メリダを征服の拠点として建設した。だが、半島西部を支配下に置いたに過ぎず、半島東部や南部のマヤを完全に制圧したわけではなかった。

このようにマヤが二派に分裂した背景には、マヤ独特の歴史・宇宙観がある。古代マヤ人がゼロの概念を発見し、そのため数学と天文学が驚異的に進歩したことはよく知られている。マヤ文明の爛熟期である古典期（紀元六〇〇―九〇〇）には、高度に発達した数学と天文学の知識を活用して、儀式を司る二六〇日暦（トゥルキン）、太陽暦に近い三六五日暦（ハアブ）、一三と四つの絵文字を掛け合わせた五二年暦、二五六年周期の短期暦、マヤの起源ゼロ年から起算される長期暦の少なくとも五種類の暦を用いていた。しかし、後古典期（九〇〇―一五四二）以降は、長期暦は廃れ、短期暦、五二年暦、儀式暦、太陽暦に加え、二〇年を一周期とするカトゥン暦が用いられるようになった。これらの暦を作成したのはマヤの学識者である神官（アーキン）である。数学、天文学、占星術に習熟した神官は暦を作成していただけではなく、過去の記録も照合して未来の予言も行った。そのため彼らはボバト（予言者）とも呼ばれ、王と貴族の政治的決定に助言を与え、しばしば都市の動向に重大な影響を与えた。マヤの神官たちは短期暦（約二五六年周期）に基づき、過去の歴史は周期的に反復されると考え、未来のことを予言した。彼らは、人間は暦に支配され、自らの運命を決定できないという観念に捉われていた。[16] 神官たちは一五一〇年頃、聖典チラム・バラムの予言に基づき、東からククルカン（羽毛の蛇・中央高原のケツァルコアトル）

が近未来に帰還することを伝えた。[17]実際、そのころ、東のカリブ海から現れたスペイン人たちは、先住民から神話上のククルカン神と混同され、征服戦争を有利に戦うことができた。その後も神官たちは従来通り民族の未来を予言し、支配者に助言を与え、それが、民族の行方を左右した。マヤ族のココム家とシウ家が敵対し敵味方に分かれたのは、長い歴史的確執もその原因となったが、それ以上に神の託宣を伝える神官が影響を与えている。その絶大な影響力は征服後もスペイン人の支配が及ばない半島南部では衰えることはなかった。半島南部の丘陵地帯とグアテマラの低地密林地帯はスペイン人に抵抗するマヤの避難場所であるばかりか、征服以前の土着宗教に依拠する伝統的先住民社会が再生産される聖地でもあった。

一五四六年、半島東部でエチセロの乱が起こり、一五六〇年にはチャンゾノトで始まった反乱はナバラム、ヤシュカバ、カンショックに拡大し、一五八〇年にはアンドレス・ココムがカンペチェで蜂起した。続いて一六一〇年にはテカシュで、一六三八年には半島南部のバカラルで反乱が起きた。一六六八年と一六七八年にはカンペチェ南部で反乱が発生し、多数のマヤが半島南部の丘陵地帯へ避難した。[18]このような半島部の散発的な反乱は、前述した現在のグアテマラ北部、ペテン地方へ移住したイツァー族の動向と連関している。ペテン湖の湖畔にタヤサルを建設したイツァー族は、一七世紀に少なくとも二回、メリダに使者を派遣し、スペイン王室に帰順してキリスト教に改宗する意志を伝えた。その意図は、カネク王に仕えた神官たちの助言とマヤ暦の予言に従い、旧都のチチェン・イツァーに帰還を果たすことであった。[19]これを契機にスペイン人はペテンへの布教活動を開始した。一六一八年、フランシスコ修道会は二人の修道士、バルトロメ・デ・フエンサリダとファン・デ・オルビタをメリダから南部のバカラル経由でペテンに派遣した。カネク王は二人を丁重にもてなしたが、二人は部族全体に漂う敵意に身の危険を感じて立ち去った。翌年、修道士たちが再訪問した際も、イツァー族の不信感を払拭できず、使節団は追い返された。その後も修道会は布教活動を継続し、同時にスペイン軍は軍事的征服を試みたが失敗した。一六九五年にカネク王の甥が「改宗の時期が来た」という予言に依拠し、恭順の意を伝えた。[20]しかし、恭順と改宗の意図はあくまで王と神官のものであり、イツァー族全体の意思表示ではなかった。そのため派遣されたスペイン軍はイツァー軍に撃退されてしまった。使者を派遣しながらスペイン人に恭順しない矛盾した行為について、ブラカモンテは、予言が示した時期と支配者による政治的決定の間の齟齬が原因と説明している。[21]修道士のアンドレス・アベンダーニョは、そのようなたび重なる拒否にもかかわらず布教活動を諦めずに、頑なイツァー族の改宗のためタヤサルまで赴いたが、イツァー族の改宗へのアレルギーを払拭することはできなかった。しかし、スペイン軍は、一六九六年から翌年の一六九七年にかけてタヤサルを攻撃し、ついに征服した。征服者たちは廃墟の上にヌエストラ・セニョーラ・デ・ロス・レメディオスという集落とサンパブロ砦を建設し、周辺住民の集住化を促進した。しかし、レドゥクシオン（集住村）に集められたマヤの間で疫病が蔓延し、この地方は荒廃してしまった。タヤサルのイツァー王朝は崩壊したが、逃亡したマヤ人たちはカネク王の弟を王と見なし、神官キン・カネクの嫡子を最高神官として崇め、旧来の宗教儀式を執り行った。[22]一八世紀にペテン地方と半島南部のマヤは疲弊していたが、密林に点在する集落を拠点に隙があれば小規模なゲリラ戦を仕掛けスペイン人に抵抗を続けていた。反乱の芽が完全に摘み取られたわけではなかった。

第2節　カネクの反乱

一七六一年一一月二〇日にユカタン半島中央部のキステイル村でマヤ先住民が反乱を起こした。反乱の指導者はハシント・カネクというマヤのインディオである。カネクの反乱は少なく見積もっても一五〇〇人のインディオが周辺の集落から参集し、半島全体が騒擾状態に陥り、州知事をはじめ当時の為政者たちの心胆を寒からしめる事件であった。従来、この武装蜂起は計画性のあるものではなく、村祭りで泥酔した先住民たちが、乱痴気騒ぎの果てに突発的に引き起こしたものであり、カネクのスペイン人に対する怨念と併せて原因とされていた。この見解はシエラ・オレイリーに代表される保守的歴史家のものであり、[23]野蛮で劣等なインディオが文明人のスペイン人に対して大規模な反乱を組織化できるはずはないというインディオに対する蔑視、偏見から生まれたものである。一方パブロ・モレノは、知事のクレスポが副王への報告書の中で、酩酊集団を反乱者に仕立て上げ、彼らを鎮圧して平定者の名誉と知事任期の延長を目論んだと主張する。[24]

しかし、一八八四年から一八八九年にかけて執筆された『メキシコ、世紀を越えて』では、ハシント・カネクの反乱に正当性が付与されている。酩酊の末の突発的騒乱であれば、翌朝、酔いから覚めたときに、敵の進軍を見て、インディオたちは雲散霧消したであろうし、また、二〇〇〇人以上の征圧軍の召集は必要なかったと推測している。そして、過酷なスペイン人の統治に対して果敢に決行されたマヤ先住民の正義の戦いという見解を取り、カネクを英雄視している。[25]

近年の研究においては、ネルソン・リードは酩酊したインディオたちの騒乱が本格的反乱に発展したと主張している。(26) エンリケ・フロレスカノは、メシア思想をもったカリスマ的リーダーが魔術と超自然的能力を用い、マヤ農民を軍事的に組織し、非情な権力者に立ち向かった、と述べている。(27)

ハシント・カネクの本名はハシント・ウクである。彼の素姓についてはよくわかっていない。ブラカモンテは、捕縛後に作成されたウクの供述書に基づき「ハシント・ウクは港町カンペチェのサン・フランシスコ地区の通称カンペチュエロで一七三一年に生まれた。既婚者であったが寡夫となっている。読み書きはできず、一定の居住地はなかったがカンペチュエロのヘスス・ナサレオ信徒会の財産管理委員を務めた」とウクの経歴を記している。(28) しかし、ドゥモンドが指摘するように幼い頃から修道院で教育を受けた経験があり、読み書きができた可能性もある。(29) ウクがカトリックの教義に精通していたことを考えれば、かなり素養のある人物だったことを否定できない。フロレスカノは、「カネクのような先住民運動の指導者たちは一時期スペイン人社会で暮らし、カトリックの教義、シンボル、儀式に明るかった。（スペインとマヤの）両文化に通じていたことが、異なる二世界の理解を深め、活動の可能性を広げた」と、ウクを知性と行動力を兼ね備えた人物と見なしている。(30)

ウクは一七五八年頃、南部丘陵地帯を経てペテンに入り、マヤ民族の伝統的抵抗の歴史を習得する。この滞在中に彼はイツァー族の王、カネクという尊称の権威というものを目の当たりにした。また、密林の奥でカトリックの影響を受けることなく継承されてきた古代マヤの歴史宗教観、カトゥン暦の予言、ククルカン帰還神話も学んだにちがいない。反乱の意思を固めて一七六一年初頭には北部に戻り、同年の三月ごろメリダに入り、ペトの反乱グループにメッセージを送った。その後、ソトゥタ、コチュア、クプル、マニを遍歴し、一一月にキスティル村に赴いた。一一月一九日木曜日はキスティル村の守護聖人を祝う祭りが開かれ、近郷から多くの村人がやってきた。そして客を目当てに酒の密売人も含め、各種の商人が集まり、村では早くも酒盛りが始まっていた。教会ではティシュカカルの司祭、ミゲル・ルエラがミサを執り行っていた。その最中に突然火の手が上がり、煙の中から黒ずくめのハシント・ウクが現れたので、インディオたちは動転し、泣き叫んだが、これはウクが起こした魔術であったと、ハシント・カネクの反乱鎮圧後、ウクをはじめ捕虜の調書を取ったイエズス会士のマルティン・デル・プエルトは記している[31]。ルエラはインディオが反乱を起こしたと思い、ソトゥタへ逃亡した。ウクは集まったインディオたちに、キリスト教の教理を説く義務を放棄した聖職者の罪や人頭税と賦役を鞭打ちで強制するスペイン人の専制を激しく糾弾し、今こそスペインのくびきを振りほどくときであると訴えた。インディオたちに教会に連れていかれたウクは、王冠をかぶり青いマントを身に着け、ハシント・ウク・デ・ロス・サントス・カネク・チチャン・モクテスマ王と名乗った[32]。この命名はウクをイツァー族の支配者やアステカ王と関連付けるばかりか、ククルカンやキリスト教とも結びつけた。マヤ暦の研究者でもあったメリダの司教ランダによれば、一一月はマヤのシュル月に該当し、ククルカン祭を祝う時期である。マヤの聖典チラム・バラムは、イツァー族の王（ククルカン）がいつの日か帰還し、外国人を海に放擲すると予言していた。チラム・バラムに依拠し、ウクはスペイン人の統治は終わり、戦闘を始めるときであるという託宣を下したのである。民心を掌握した後、テカシュ村のスペイン人、ディエゴ・パチェコを血祭りに上げた。彼はレパルティミエント（商品頒布）の集金のため、キスティルを訪れていた。パチェコは酒の密売者でもあり、商品を付けでインディオに売りつけていたので、村の評判は芳しくなかった。

ウクは自分をキリスト＝ケツァルコアトルが権化した神聖な人間だと公言した。マヤ王の出現のうわさを聞きつけてやって来た女たちには、キリストの再来であると信じさせた。イツァー族の後継者を自認するマヤ人が人間＝神としてマヤの解放者に変身したのである。[33]ウクは聖油の壺を常に携帯し、スペイン人との戦闘で戦死しても、聖油を塗れば天国に昇天するとインディオたちに説いていた。また訪問者の前では花を主食にしていると言い、ジャスミンを噛んでいた。反乱後捕虜となったマヤたちの証言によれば、ウクはパン、卵、チリ、豆しか食べず、肉と脂肪を口にしなかった。また娘たちを洗礼し、負傷者を焼いたマゲイ（竜舌蘭）で直した。[34]

司祭のルエラから事件の報告を受けたソトゥタの司令官、ティブルシオ・コスガヤは翌日、一五―二〇名の兵を率いて鎮圧に向かったが、返り討ちにあい殺害された。反乱者たちが決起の数か月前に武器を集めていたことからしても、ウクの反乱は突発的な出来事ではなく、入念に計画されたものであった、とブラカモンテは主張しているが、ドゥモンドは別の見解を取る。[35]カネク（ウク）の勝利の知らせは瞬く間に広がり、マヤおよそ一五〇〇名が各地から駆けつけた。ウクは、集まったマヤに対してスペイン人と協力するインディオは悪魔に連れ去られ、スペイン人との戦闘で戦死した者は神が蘇生させると説いた。ラバの売買契約書のような貢納の領収書を集め、読み上げた後、焼却した。[36]ウクたちはメリダを征服後、マニに中央政府を建設し、スペイン人到来前の社会体制を再建しようとした。彼らは人間＝神の到来を信じ、圧制者からの解放のためには、人種的闘争は不可欠だと確信していた。しかし、マヤの多くは反乱の呼びかけに応えることなく、単に興味を示した傍観者に過ぎなかった。[37]

ソトゥタの白人たちはたやすく反乱を鎮圧できると高を括っていたが、コスガヤの戦死を知り、動転した。知事のクレスポはコスガヤ死亡の報告を受け、メリダ、カンペチェ、周辺の村々に動員令を出した。一七六一年一一月二六日、ティホスコの軍司令官クリストバル・カルデロンは、五〇〇名から構成された砲兵隊、騎兵隊、歩兵隊を率い、攻撃を開始し、二時間の激闘の末、村を制圧した。(38) 戦闘で五〇〇名のマヤが殺害されたが、スペイン側の被害は四〇名であった。逃亡した者たちのうちおよそ一五〇名が捕虜となり、その中にはウクと八名の首謀者たちが含まれ、メリダへ送られた。二七日金曜日、キステイルは破壊され焼き尽くされ、村は消滅した。

メリダでの裁判は、非情かつ迅速に実施された。知事のクレスポは王室への報告を急いだので、捕虜の五〇名にしか尋問しなかった。審問は一七六一年一一月三〇日から翌年一月一三日という短期間で終わった。ホセ・クレスポと裁判官のセバスティアン・マルドナドはハシント・ウクに王権の簒奪、反乱、殺人の罪で死刑の判決を言い渡した。死刑執行は残虐を極めた。やっとこばさみ（板金や熱した鉄などをつかむ手工具）で肉や内臓を引き裂き、四肢を切断した上、処刑台に放置し、死に至らしめたのである。刑は一二月一四日に市民が見守るなか公開執行され、遺灰は広場に撒かれた。その後八名の首謀者の処刑が行われた。二人ずつ絞首台で吊るされた後、死体は四肢を切断され、首は出身村の広場に晒され、胴体は街道入口で杭に打ち付けられた。それ以外の捕虜たちは二〇〇回の鞭打ち刑や両耳の切除刑に処せられた。(39)

クリストバル・カルデロンは万人が認める英雄となった。メリダ市会と修道会は国王に反乱の鎮圧者、キステイル戦の勝利者として彼の功績を報告した。一方知事のクレスポはそれほどの栄誉には輝かなかった。副王のホアキン・デ・モンセラーは鎮圧の功績を評価したものの、反乱者に対する刑罰の重さを指摘した。カネクへの残虐な処刑はインディオを恐れさせ、密林への逃亡を増やし、そのことが偶像崇拝を助長すると危惧したのである[40]。

ウク、通称カネクの蹉跌は、現実的な政治的社会的運動に依拠して世俗世界を転換させようとはせず、現状を打破するためにメシア信仰と呪術的能力を過信したことであろう。また、武装蜂起の準備期間が短く計画に綿密性を欠き、周辺の集落への周知が不徹底であったことが、マヤ先住民の参加の拡大につながらなかった。ハシント・カネクのカリスマ性は狂信的ともいえるインディオの信奉者を引きつけることはできたが、現実主義的なインディオの懐疑を払拭することはできなかった。

第3節　教会と税

ユカタン半島は石灰岩台地であるため地味が痩せており、トウモロコシ等の農産物の収穫量は少なかった。そのためメキシコの他地域と異なり、アシエンダ（大農園）の発展は限定的であり、エンコミエンダ（征服と植民で功績のあったスペイン人に先住民への徴税権と賦役権を与える代わりに先住民を教育し改宗させる制度）が一八世紀まで存続した。ユカタンではスペイン人が経営する農園はエスタンシアと呼ばれ、そこでは小規模な牧畜と養蜂が主な生産活動で、中央高原のアシエンダの規模と生産量とは比較にならなかった[41]。また金、銀の鉱物資源にも恵まれず、全体的に第一次産業の生産力は低かった。そのような生産性の不足を補ったのが、インディオという労働力である。スペイン人植民者と聖職者は、マヤ・

インディオを苛酷に収奪することによって農産物の低生産性と天然資源の欠如を補填しようとした。

マヤ・インディオが納入した税は多岐にわたるが、納付先によって二つに大別できる。エンコミエンダと王室直轄地で徴収された人頭税と教会に収めたオブベンシオン（宗教儀式への謝金）である。ユカタン半島では、征服初期からコレヒドール（代官）制が存在せず、下級官吏制度は一八世紀後半のブルボン改革によって創設されたスブ・デレガード制の導入まで待たなければならない。そのためインディオから人頭税を代行徴収していたのは、インディオのバタブ（首長）であった。[42]バタブは徴収した税の三―五％を手数料として取得していた。また、インディオを労働者として公共事業等に差配する権能も付与されていた。[43]バタブはスペイン人統治者とインディオ農民の間に介在し、二重支配の要となっていた。

スペイン人は一〇分の一税（地主が農産物収入や家畜頭数の十分の一を納税する制度）と地代（アセンダドが教会から借りた土地の賃料）をユカタン司教が統括する在俗司祭に納入し、インディオはオブベンシオンを伝道村の修道士に収めた。ユカタン半島では、フランシスコ修道会が、ほぼ独占的に先住民マヤの改宗活動を行っていたので、修道会は、伝道村に居住するインディオからオブベンシオンをはじめ様々な収入を得た。[44]インディオが収めた人頭税とオブベンシオンはともに一八世紀まではその多くが、トウモロコシ、綿布、蝋、蜂蜜、インディゴ（染料の藍）等の物品で納入されていたが、商業化の波が押し寄せると徐々に貨幣での納入も増えていき、人頭税の現金支払いは年一四レアルと定められた。

物品や現金での納税の他に賦役があった。スペイン人は、新大陸征服直後からレパルティミエント制（インディオ労働者の分配授与）を導入し、インディオに農地や鉱山で過酷な労働を強いた。レパルティミエントの執行権を有する知事は役人、エンコメンデロ、聖職者の申請に基づきインディオを分配して、ユカタンでは主に農地の耕作、公共物や教会の建設・補修に従事させた。主の身の回りの世話も含め、あらゆる無償労働を強制され、インディオは物品納税以上の負担を強いられた。レパルティミエントには「商品頒布」という別の制度も存在した。これは、行政官や聖職者がインディオに不急・不要な商品を強制的に売りつける制度である。販売者たちは安く仕入れた商品やインディオ自身が収めた綿布等にマージンを加算してインディオに販売し、私腹を肥やした。インディオはオブベンシオンを徴収され、賦役に苦しみ、さらに望みもしない商品を買わされ、困窮を極めた。重税がカスタ戦争の主原因とも言われる所以である。[45]

一六世紀にトラル、ランダの両司教はインディオに課される賦役を廃止しようとしたが、役人、エンコメンデロ、聖職者（在俗司祭・修道司祭）の反対によって失敗に終わり、その後もインディオの窮状を改善しようとする論争は継続されたが、結局一八世紀初頭、賦役の存続を承認するということで決着がついた。[46] 植民地時代、ユカタン半島に存在した二つの教会勢力、在俗司祭を束ねる司教と修道士を統括したサン・ホセ・フランシスコ修道会は、インディオに徴税して経済的基盤を確立していた点では共通していたが、布教区の帰属に関しては敵対関係にあった。[47]

一八世紀初頭に国王に就任したフェリペ五世は、王権への服従を潔しとしない修道会の存在を快く思わず、修道会の世俗化に意欲的に取り組んだ。国王が植民地の教会改革を実施するために一七一六年、ユカタン司教として送り込んだのが、フアン・ゴメス・デ・パラダである。パラダ司教の方針は、修道会の伝統的権力の衰退に乗じて、司教の権威を強化し、教会改革を行うことであった。[48] フランシスコ会は一八世紀に三六の修道院を支配し、半島で最も富裕な宗教法人であった。各修道院の伝道村には、修道院長の管轄下、主任司祭と布教司祭が配置された。インディオに人頭税を免除し、物品か現金でオブベンシオンを要求し、さらに各種労働に従事させた。インディオ社会に深く浸透し、洗礼、婚礼、埋葬の秘跡の実施からインディオ同士の争いの仲裁役までを担い、彼らの日常生活を支配していた。[49]一方、在俗司祭はスペイン人の居住区を主な教区とし、インディオ社会への浸透は限られていたので、伝道村の布教と統治はほぼフランシスコ会が一手に握っていた。[50]ゴメス・デ・パラダの改革の主な標的は司教の介入を拒み、インディオを支配するフランシスコ会であった。

パラダ司教は教区内を巡察し、インディオへの迫害を精力的に調査した。そしてインディオを苦しめているのが、恣意的に決定されるオブベンシオンと喜捨、それに強制労働であることを把握し、一七二二年、以下のような改革策を公表し、実施した。一四歳から六〇歳までの男性と一二歳から五五歳までの女性にオブベンシオンの支払いを義務づける。男性は年間一二・五レアル、女性は九レアルを支払い、その税には聖人祭と万霊節の費用も含まれる。洗礼の喜捨は三レアル、婚礼は八レアルとし、葬儀の喜捨はインディオが同意した場合に限り、歌付は一四レアル、祈祷付は六レアルとする。[51]その他、巡回村の場合は司祭に食事を賄う。それ以外の四旬節、復活祭、聖木曜日の喜捨は廃止する。司祭を養うための鶏、台所用具の供給も廃止し、あらゆる無償労働奉仕を禁止する。そしてインディオに物品か現金かの支払方法を選択させる。[52]だが、パラダ司教は改革反対派の厳しい批判に晒された。インディオの無償労働の恩恵を受けていた知事、スペイン人市会のレヒドル（市会議員）、王室官吏、エンコメンデロにとって、強制労働の廃止は彼らの政治的経済的基盤を揺るがす一大事であった。また、聖職者にとっても、賦役の廃止とオブベンシオン、喜捨の制度化は教区や伝道村の存続を脅かす死活問題であった。反対派は、司教の政治的経済的権力拡大、修道士の商業的利益追求、教区でのインディオへの過酷な徴税等を王室に訴え、王権が侵害されていることを指摘した。在俗司祭とフランシスコ修道会は同盟して改革に反対し、司教は孤立した。そして、反対勢力の執拗な陳情が功を奏し、パラダ司教は一七二七年、グアテマラ司教に転出させられ、改革は失敗に終わった。二世紀も続いた制度を短兵急に変革しようとした司教の手法は、強引にすぎた。ゴンサレス・ナバロは、一七六一年に勃発したハシント・ウクの反乱は、パラダ司教の改革が潰されたことが原因としている(53)。

一八一〇年の独立戦争勃発直後、カディス会議で一八一二年一一月九日に公布された政令は、ペルーのミタ制を初めインディオのあらゆる強制労働を廃止したが、同時にスペイン人と同じく教区税を支払い、公共事業を分担することを規定した。だが上記政令は、教区税の詳細には触れていなかった。そのため、オブベンシオン、一〇分の一税、賦役の適用に関して植民地では混乱が生じた。ユカタンでは一八一三年二月、知事のマヌエル・アルタソがオブベンシオンを廃止し、インディオは個人奉仕も金銭支払いも強制されるべきではないと規定した。つまりオブベンシオンと修道院や司祭館での労働奉仕を免除したのである。しかし、司祭たちはオブベンシオンと賦役を廃止したためにインディオが教会に寄りつかなくなり、信仰心が薄れつつあると報告した。また、カディス憲法がすべての住民に市民権を付与した以上、インディオも他の階級と同様に一〇分の一税を支払うべきであると主張した。知事はその要望に応え、一八一四年一月、インディオはオブベンシオンの代わりに一〇分の一税を支払うべし、という政令を公布したが、一〇分の一税の課税はオブベンシオンより税負担が過重になるという批判の声が上がった(54)。そこで一八一四年八月、インディオはオブベンシオンを一八一二年に廃止される以前と同様に支払うべし、という命令を出した。[55] その後、一八二〇年、再度オブベンシオンは法律的には廃止されたが、独立後、一八二四年一一月の政令はオブベンシオンの徴収を承認した。

一八二九年、中央集権派の知事、ホセ・セグンド・カルバハル（一八二九―三二）が就任すると教会への支援を約束し、一〇分の一税の徴収を承認した。[56] だが一八四〇年、テキサスに出兵予定であった軍司令官サンティアゴ・イマンが連邦制を支持して半島東部で反乱し、インディオ女性に対するオブベンシオンを廃止し、インディオ男性に関しては毎月一レアルに減額し、賦役も廃止すると宣言したので、多くのインディオがイマン軍に参加した。[57] インディオの反乱を危惧した州知事のメンデスは、一八四三年にオブベンシオンを廃止し、翌年、政府予算で司祭の維持を図る政令を公布した。[58] だが、後継知事のバルバチャノは一八四七年一〇月、インディオには毎月一レアル半の市民税の他に、教会と司祭の維持費として毎月一レアルを支払う政令を公布した。[59]

一方、アシエンダも税金には無関心ではいられなかった。一七世紀末からインディオが聖職者とバタブの搾取から逃れて、アシエンダに駆け込むようになった。アセンダド（大農園主）は逃げ込んできたインディオ労働者（ルネロ）[60] の税金（オブベンシオンと人頭税）を支払うように教会とバタブから圧力をかけられ、不承不承同意した。一八四〇年代から一般化した税金の代位弁済は、ユカタンのアシエンダ制の特徴であり、エネケン栽培（サイザルアサ）におけるルネロ（ペオン）の強制労働を助長した。[61] 代位弁済された税金はルネロの負債として加算され、アシエンダは労働者の債務と定住化を介して疑似奴隷制を築き上げた。アシエンダに逃避しなかったマヤは、半島南部や東部の密林に逃げ込んだ。そこは後年のカスタ戦争における反乱兵の供給基地となる。教会の搾取がインディオ反乱勃発の一要因と言える。

独立後、突然それまで徴収されていた一〇分の一税の課税が決定された。オブベンシオンより九～一二倍も高い一〇分の一税の支払い命令は、貧しいインディオにとって耐え難い政策であった。またユカタンのエリート層が内紛を有利に展開するためにインディオを味方につけようとして、彼らに市民税と教会税の廃止や減額を約束したが、それらの約束が履行されないことに気づいたとき、インディオの落胆は大きく、その分政治家や聖職者に対する怨念が深まった。カスタ戦争勃発直前、長年インディオを苦しめた教会税と市民税の減額と賦役の廃止が、インディオの喫緊の関心事となっていた。

第4節　カンペチェとメリダの対立

ユカタン半島が、中央政府の所在地であるメキシコ中央高原から地理的に遠隔地であることも、カスタ戦争の長期化の原因となった。半島は水運に恵まれ、海を利用してイギリス、スペイン、キューバ、アメリカ合衆国（以後米国と表記）との関係を深め、その分、中央政府への依存度は低かった。また、ユカタンはスペインからの独立戦争には参加せず、宗主国に忠実であった。独立戦争への不参加は、スペイン王室がユカタンに例外的な自由貿易権を認めていたことによる。[62] 独立以降、中央政府が中央集権主義と連邦主義に分裂して、内乱状態だったために、中央政府からの援助、影響はほとんどなかった。白人とメスティーソは、独立後も中央政府の影響や関与を受けることなく、植民地時代のスペイン的搾取構造を維持した。ユカタン半島では、インディオにとって白人は独立国となってからも植民地時代と変わらぬ農園の過酷な主であった。

そして、水運に恵まれていることは半島の特徴であったが、そのことが半島全体の外交政策の統一を促すことにはならなかった。カンペチェ市とメリダ市の通商対象地域は異なっていた。メキシコ湾が主な活動拠点であったカンペチェ人たちは、メキシコとの通商を重視したが、半島の突端部に位置したメリダ市の住民たちは、カリブ海を見据え、海外との交易に活路を見出していた。その結果、カンペチェ人はメキシコ中央政府との関係を強め、一方、メリダ人は中央政府よりも諸外国との関係構築に努めた。双方の半島支配をめぐる競合関係ははるか昔にさかのぼるが、ブルボン改革の進行に伴い、悪化していった。一七七八年、王室はカンペチェに対して関税の減額・免除を承認し、さらにヌエバ・エスパーニャ（スペイン植民地時代のメキシコ）の港との自由貿易権を付与した[63]。セビージャ、カディス、ベラクルス等の港との自由貿易によって貿易高は飛躍的に増大し、一八〇二年頃、カンペチェへ寄港した船舶数は九六〇隻に上った[64]。一方インテンデンシア（スペイン・ブルボン王朝が植民地に導入した行政単位）の長官には、管区内の行政、財政、司法、軍事に関する権限が付与されていたために、その導入は管区の中心地メリダに恩恵をもたらした。同時代のメリダの経済は、キューバや他のカリブ地域と密接に結びつき、ヌエバ・エスパーニャ政府との関係は疎遠であり、半島の孤立は深まった。するとカンペチェのエリートたちは、スペイン王室にたいして距離を置くようになり、半島自治推進者たちの運動を支持したが、このことがメリダの利害と衝突した。これらの対立は独立以降激しさを増し、特に一八二三年、憲法制定議会が、イトゥルビデ帝国崩壊後に採用されるべき政府のあり方について議論を開始したときに顕著になった。一八二三年六月、ユカタン政府の委員会はユカタンの議員に対して、メキシコとの合併は連邦制の下で達成されるものであり、もしこの制度が承認されなければ、ユカタン人は自分たちの「祖国」

に復帰すべきであると告げた。そして一八二三年八月、連邦制が宣言され、ユカタンの独立運動はメキシコ国の一州として編入という形で終息した[65]。

一八三五年、それまで連邦主義を標榜していたメキシコの大統領サンタ・アナは、中央集権主義者に豹変し、従来の州を県に降格させ、県知事を選挙ではなく大統領が任命する制度へと変更した。サンタ・アナは気心の知れた特権階級の知人や友人を県知事に任命した。ユカタンは関税特権を失い、カンペチェの貿易は崩壊し、砂糖産業は危機に瀕した。また一八三六年の対テキサス戦争と一八三八年の対フランス戦争は、売上税の引き上げを引き起こし、貿易、海運に大きな影響を与えたばかりか多くのユカタン人が兵隊として戦場に赴かざるを得なくなり、人々の生活に直接影響を及ぼした[66]。

一八三九年五月、ユカタン政府軍の司令官、サンティアゴ・イマンは、半島北東部のティスミンでサンタ・アナの中央集権主義に対して反旗を翻した。戦闘開始直後、一度は敗退したが、インディオたちを招集することで勝利をものにすることができた。勝利した暁にはオブベンシオンを廃止するという、イマンの提案に銃や山刀を手にした数千のインディオが参戦し、瞬く間にバジャドリーを陥落させ、一八四〇年六月にはカンペチェに立て籠もっていたメキシコ軍を放逐した[67]。イマンが敵対するユカタン政府と対抗するためにインディオに提示した教会税免除と武器供与は、その後白人エリートが権力掌握闘争で選択する常套手段となる。

ユカタンの自由主義者たちは、メキシコが連邦制に復帰しない限り独立を維持すると宣言した。カンペチェのサンティアゴ・メンデスが知事に、メリダのミゲル・バルバチャノが副知事に任命された。メンデスはカンペチェの商人であり、カンペチェの貿易が主にメキシコ湾での交易に依存していることから、メキシコへの編入を訴えた。一方、バルバチャノはメリダが主にハバナとカリブ海諸国、並びにニューヨークと交易していることから、メキシコへの編入には関心はなかった(68)。しかし、州の危機に直面して両者は協力したのである。新政権の下、一八四一年、先住民を含めたすべてのユカタン人を市民と宣言した新憲法が公布された。新憲法には信仰の自由、教会特権の廃止、司法や行政の職権乱用に異議申し立てができる庇護権が盛り込まれた(69)。同時期、サンタ・アナは外交手段によってユカタンの再編入を試みたが、失敗した。そこでサンタ・アナは一八四二年にユカタン討伐をもくろみ、二五〇〇の兵員でカンペチェのカルメン市に侵入した。この侵略に対して、知事のバルバチャノは、参戦したインディオには荒蕪地の四分の一レグア（一レグアは五五七二メートル）四方の付与と教会税と市民税の廃止という条件を提示した。その結果、先住民を主とする六〇〇〇人の兵が集結した。インディオ兵は勇敢に戦い、武器弾薬が尽きた敵軍を打ち破り、一八四二年六月、撤退させた。だが戦争終結後、州政府にはインディオ一人ひとりに付与すべき四分の一レグア平方の荒蕪地はなかった。また市民税と教会税を免除しなかったためにインディオは欺かれたと感じた(70)。

ユカタンの州政府軍には、多数のインディオ兵が参集した。それまでユカタンの州政府軍には、インディオの反乱を危惧して、彼らを徴兵して武器を付与する軍制度は存在しなかった(71)。たとえ州兵の一部とは言え、インディオ兵が正規軍に編入されたことは、その後の戦争形態を変質させることになる。中央政府軍との戦いで、インディオ兵はその組織力と動員力を遺憾なく発揮し、自分たちの軍事力に目覚めた。彼らが己の権利回復を要求する日が、間近に迫っていた。

第5節　予兆

ユカタンは勝利したにもかかわらず、経済は持ち直さなかった。そこで中央政府との関係修復に動いた。州政府の統治権、州兵の外国への派兵の義務免除、生産物をすべてのメキシコの港で自由に貿易できる特権を保証させる代わりに、中央集権主義を承認した。一八四三年一二月、サンタ・アナはユカタンの併合協定に署名したが[72]、二か月後の一八四四年二月二一日、メキシコ側の港で自由に貿易できるユカタン側の輸出品を制限する大蔵省政令を公布した。一方ユカタンでは、連邦議会に送る代表の選考をめぐりカンペチェ派のメンデスとメリダ派のバルバチャノ間の闘争が、激化していた。一八四六年一月一日、ユカタンは公式にメキシコ共和国から分離、独立した。バルバチャノ派とメンデス派は、その後も激しく対立した。両派の溝は、一八四六年に勃発した米墨戦争でさらに深まった。バルバチャノ派は、共和国再生の指導者として、米国と戦うサンタ・アナを承認した。この出来事は、一八四六年一〇月、カンペチェ側のクーデターを誘発することになった。ユカタンがメキシコに再編入すれば、戦闘中の米国の最新式の強力な軍艦が、カンペチェを砲撃する可能性があった[73]。カンペチェはメキシコ再編入が時期尚早と判断し、メキシコに対して反旗を翻した。ドミンゴ・バレットに率いられたカンペチェ軍は、メリダ攻略に向かった。このクーデターはカンペチェ地域からの住民からは支持されたが、半島の東部や南部ではほとんど支持されなかった。そこでサンタ・アナは、一八四四年二月二一日の政令の廃止をユカタンに伝え、ユカタンの再編入の条件を受け入れた。バルバチャノはこの提案を受諾し、メキシコ共和国への再復帰を宣言したが、メンデスは反対し、一八四六年一二月、再編入の決定を延期した。両者の軍事的衝突が繰り返され、カンペチェ軍はメリダ南部まで進出し、テカシュ、ティクル、ペトを占領した。東部地域ではティホスコとヤシュカバがカンペチェ側についた。バジャドリーの住人であるアントニオ・トゥルヘケとファン・バスケスは、ペト占領後、バジャドリー進軍を命じられた。一八四七年一月一一日、トゥルヘケとバスケス軍は、バジャドリー南方に位置するティシュカカルクプルを占領した。トゥルヘケは、バジャドリーに立て籠もるベネガス大佐に降服を呼びかけたが、拒否された。同月一三日、トゥルヘケ軍がシサル地区に進駐すると、この地区の住民はトゥルヘケ軍に合流した。三〇〇名の籠城兵に対して、三〇〇〇人の包囲軍では勝負は目に見えていた。一五日、包囲軍は町の中央広場に立て籠っていた兵たちや家族に襲いかかり、彼らを撃ち殺したり、山刀で切り殺すという虐殺を行った。略奪は八日間続き、酒に酔ったインディオたちは、死体を引きずりまわしたり、火で焼いたり、暴虐の限りを尽くした。教会もこの災厄から逃れることはできず、そこに避難していた人々は、引きずり出され、入り口付近で殺された。指揮官のひとり、ボニファシオ・ノベロは捕虜にしたベネガス大佐を殺し、その遺体を引き裂き、町中を引き回した。(74) セラピオ・バケイロは、バジャドリー虐殺の原因の一つとして、低所得者地域に住むインディオたちが、市の中心区域の居住者である白人富裕層に対し、日ごろから抱いていた憎悪をあげている。(75) カンペチェ側の勝利は、インディオ兵の活躍によるところが大きかった。インディオの軍事力が、白人たちの内紛の勝敗を左右するまでに成長したのである。白人たちは、敵陣営を打ち負かすために、インディオ兵たちに実現できそうにもない口約束をして、自陣に引きこもうとするようになった。

第6節　カスタ戦争の勃発

一八四七年七月上旬、クルンピッチ・アシエンダに大量の食糧と銃が運び込まれ、マヤが反乱を計画しているという情報が、バジャドリー政府長官、エウロヒオ・ロサドの下に届けられた。さらに情報を収集すると、セシリオ・チ、ハシント・パット、マヌエル・アントニオ・アイ、ボニファシオ・ノベロが陰謀の首謀者であることが発覚した。[76] チチミラの村長アントニオ・ラホンは、アイが所有していた陰謀文書をロサドに届けたので、ロサドはアイの逮捕を命じた。直ちに開かれた裁判で、アイは、ノベロの命令で月額一レアル半の市民税を一レアルに減額するために、反乱を計画したと告白した。即決の裁判で死刑が宣告され、七月二六日、アイはバジャドリーの中央広場で銃殺刑に処せられた。[77] それまでユカタンでは、謀反を起こし捕虜となった白人が銃殺に処されることはなかった。[78] インディオたちは、ここでも白人と同列に扱われない自分たちの境遇を思い知らされたのである。この処刑は、チとパットに捕まれば自分たちも殺されることを意味した。彼らにとっては生きるか死ぬかの戦いが始まったのである。一八四七年七月三〇日、チはテピチを急襲し、白人の老若男女を血祭りに挙げた。[79] その報復として州政府軍はテピチのマヤ先住民を皆殺しにした。そして半島全体に反乱の火の手が上がった。カスタ戦争の勃発である。[80] ヤシュカの農園主ドニャ・ドロレス・パドロンと娘は暴行され、助けようとした長男は、マチェテ（山刀）で頭を割られたうえに胸を裂かれて心臓を抜き取られた。[81]

反乱軍六万人に対して政府軍は一万八〇〇〇人に過ぎなかった。徴兵に応じさせるために政府軍には

図2　19世紀中葉のユカタン半島

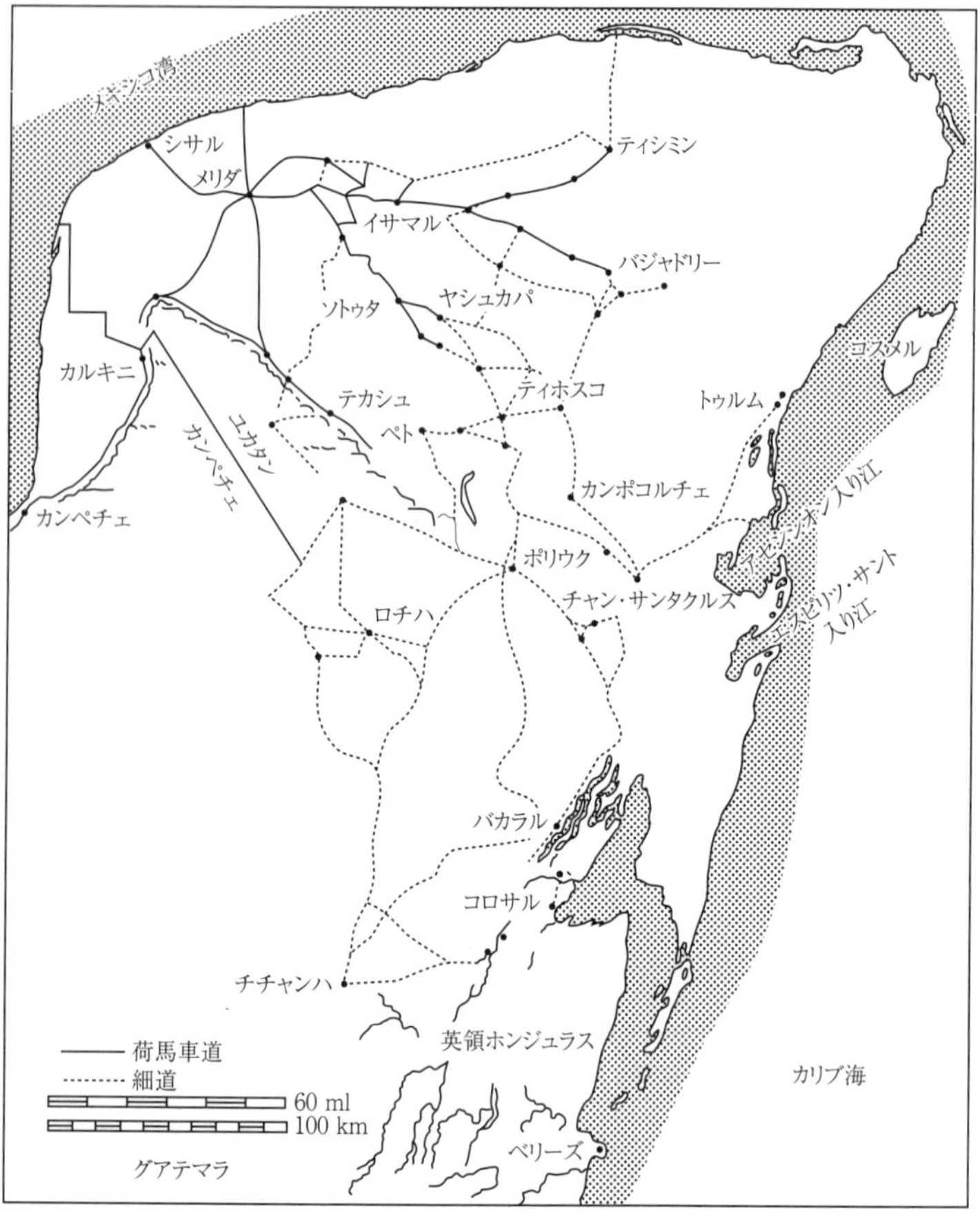

Don E. Dumond（p. 222）を参考に筆者作成

徴税できなかった[82]。そこでメンデスは、一八四七年一二月に議会を開き、月収が三〇ペソ以上の地主、商人、教員、司祭、役人に戦費として寄付を募る政令を出すとともに、徴兵に応じるインディオには生涯、市民税の免除と教会税の廃止を提案し、反抗をやめるインディオには、恩赦を付与すると公布した[83]。そして、一八四八年からインディオ・イダルゴ（郷士）という称号が、マヤに付与されることになった。イダルゴに任命され、軍役に就くと市民税の免除特権を与えられた。イダルゴの称号を付与されたインディオは、一八四八年七月、九〇〇〇人を超えた[84]。マヤ・イダルゴは部下のインディオの軍役を免除する代わりに共同体で無償労働をさせた。またアシエンダはマヤの労働力が不可欠だったために、ルネロの市民税と教会税を代位弁済する代わりに、農園で働くルネロを兵役名簿から削除させた。司祭も教会の労働力であるマヤを兵役から免除した。その結果、兵員不足となり、戦争が長引いた[85]。

一八四七年一二月、武装闘争を開始したボニファシオ・ノベロとフロレンティノ・チャンは、以下の表明を行った。

「皆様にわれわれがどのような条件を求めて戦っているかを申し上げることは、適切と思われます。インディオ同様、白人に対しても税を撤廃すること、また二つの人種が結婚、埋葬、洗礼を同額の謝金でできるようにすることです[86]」。

州知事のバルバチャノは戦闘終結を急ぎ、ハシント・パットを介して和平協定をまとめようとした。パットはマヤの自治権の確立を要求するとともに、積年の負債による隷属状態を糾弾し、次の二つの提案を行った：①白人支配階級によって課された市民税の免除。②教会の秘蹟（洗礼、堅信、聖餐、許しの秘蹟、病者の塗油、叙階、結婚）にかかる費用を軽減し、人種間の費用の平等性を確立すること。

バルバチャノは、一八四八年二月一七日付の書簡で反乱者たちに次のように呼びかけている。

「親愛なるあなた方に手を差し伸べるときである。約束事はすべて履行することを保障する。闘争も戦闘も必要ない。あなた方を殲滅する考えもあるが、神はそれをお望みではない。私に近づくことを恐れる必要はない。合意のうえしかるべき理解に至りたい。戦闘を続け、われらの間に不和があれば、また外国人につけ込まれる[87]」。

またバルバチャノはパットへ、以下の書簡を送った。

「私は下心があって貴殿に近づいているのではない。この使節はホセ・カヌート・ベラ神父とフェリペ・ロサド氏（テカシュの政治長官）によって構成される。あなた方が選んだ会談の場所を書簡で知らせてほしい。真の愛をもって和平の抱擁をしましょう。本当の罪人（チのこと）がわれらの若者の間にこれほどの苦悩をもたらしているとき、すべての悪を償うのは子供、成人、老人、病人、娘、妊婦である[88]」。

バルバチャノは、善良なパットと邪悪なチという構図を描き、チさえ除外すれば和平は可能であると呼びかけているようであるが、実際は両バタブの分断を図ることが目的とも解釈できる。各人の思惑はともかく、バルバチャノの代理人カヌート・ベラ神父とパットの間で合意に達したツカカブ協定（一八四八年四月一九日締結）の九か条の概要は以下のとおりである。

1. 市民税は、白人、インディオを問わず、すべてのユカタン人から永遠に廃止する。
2. 洗礼謝金の三レアルと婚礼謝金の一〇レアルは一般住民、先住民を問わず、すべてのユカタン人に同等に課す。
3. 耕作地と農園は村の入会地、共有地、荒蕪地に小作料の支払いなしに設定可能で、今後、譲渡不可とする。
4. ハシント・パットの調停により、州政府によって押収された二五〇〇丁の銃はインディオに直ちに返還されるものとする。その数に達しない場合は不足分を購入しハシント・パットに搬送すること。現在、インディオが携行するすべての武器は、そのまま彼らに帰属する。ハシント・パット軍が所有している家畜とその他の財は彼らの所有とする。
5. ミゲル・バルバチャノ知事がこれらの合意を実行することを保証する唯一の人物であるが故に、彼の地位は終身である。
6. ハシント・パット首長はユカタンのインディオの全リーダーの知事となり、ミゲル・バルバチャノ知事とともに人々の和解推進のための体制をつくる。
7. 負債のあるすべての労働者は残債の支払いを免除される。

8．焼酎税はユカタンのすべての民に対して廃止される。
9．ミゲル・バルバチャノ知事がこの協定を批准した場合は、秩序維持のための兵員を除いて、すべての戦闘員は帰還するものとする。(89)

協定内容を知ったセシリオ・チは、白人の意向を代弁するパットを卑怯な裏切り者と罵った書簡を送り、自軍をツカカブに動員した。チの攻撃を知ったパットは、バルバチャノに銃の受け渡しを書簡で迫ったが、時すでに遅く、チ軍はマニを破壊し、二〇〇名以上の死者を出していた。白人に幾度も欺かれているチは、自分を排除しパットを優遇する州知事の策略に我慢できなかったのであろう。一方、反乱に参加したマヤの指導者たちの考えに統一性はなく、出身地、社会的地位、個人的野心、率いる軍の構成等によってまちまちであった。各村落間の連帯は希薄で、それぞれの首長の考え方に左右される傾向が強かった。一八四七年の反乱の指導者、ハシント・パットとセシリオ・チの生い立ちと白人観は異なる。パットは、バジャドリー地域の富裕な農園経営者であり、教養もあったが、チはテピチの首長で貧しかった。チの目的はユカタンのすべての非先住民を皆殺しにすることであった。パットは、チにバルバチャノの政党を支持させようとしたが、逆にチに圧力をかけられメリダの白人を排撃することに同意した。(90)

一八四八年五月には、反乱軍はカンペチェからほんの八キロ地点、メリダから二四キロ地点まで迫り、両市の陥落は時間の問題であった。住民たちはパニックに陥り、荷物をまとめて乗船し、ハバナ、ベラクルス、カルメン市へ向かった。しかし不思議なことに、マヤは一部の戦争継続派を除き、一斉に退却し始め、故郷の村に帰り始めたのである。武器弾薬が尽きた上に播種の時期である雨季が始まったからである。彼らにとっては、播種と儀式のほうが、メリダの攻略や戦利品より重要であった。カレアガは、マヤの撤退について、反乱軍内の分裂、リーダー間の反目、ベリーズから調達される武器弾薬の不足を二次的要因とし、最大の要因は習慣化された耕作への復帰を挙げている[91]。

こうして両市の陥落は回避され、反乱の第一幕は閉じられた。白人たちはこの経験を生かし、悲劇の原因を探り、内部や外部の対立要因の除去・軽減に努めた。インディオの憎悪に満ちた攻撃に驚愕したので、バルバチャノ派とメンデス派は和解した。権力を掌握していたメンデスはバルバチャノに呼びかけ協定を結び、知事を辞任した。そして反乱軍と戦うために援軍の派遣を条件に米国、スペイン、イギリスの支配下に入ることを申し出たが、拒否された。だがメキシコ議会は、一八四八年五月にはすでに反乱鎮圧用の現金一〇万ペソと二〇〇〇丁の銃をバルバチャノ知事に提供することに同意していたので、ユカタンは一八四八年八月メキシコへの再編入を決定した[92]。

第７節　反乱の収束

インディオ部隊の総退却の結果、一八四九年初頭には、州政府軍の勝利は決定的となり、東はバジャドリー、南はペト、ティホスコ周辺まで政府軍によって奪回された。チはヤシュカバとソトゥタを包囲したが、州政府軍に反撃された。インディオ軍の占領区はわずかに南のバカラル地域のみとなり、多くの反乱マヤは、白人の勢力が及ばない半島の南東部に広がる密林へ逃れた。また、半島西側のインディオたちは、政府軍に寝返り、反乱軍に敵対した。州政府軍の勝利の原因は、メキシコ連邦政府からの武器弾薬の供与、教会の経済的援助、政府軍の統率力と巧みな戦略が挙げられる。さらに捕虜にしたインディオをキューバに売った代金で軍の食糧補給や俸給を賄えたことも勝利に貢献した。また、その売却代金で、米墨戦争終結後、除隊したアメリカ兵を雇用し、彼らの軍事専門家としての知見を軍略に利用した。一〇〇〇名近い米兵は、月額八ドルの給与と一三〇ヘクタールの土地給付という条件に惹かれ、一八四八年夏、ユカタン半島に上陸した。ネルソン・リードは、米兵たちは、奴隷制に基づく帝国の建設を米国に近いカリブ海の半島に夢見ていた、と語っている[93]。

パットは密林の奥のタビに、ノベロはマハスに、チはチャンチェンに退却した。だが、チは手下のメスティーソに裏切られ、一八四八年一二月に殺された。チの殺害後、チの部下であったフロレンティノ・チャン、ベナンシオ・ペックとパットの間に対立が生まれた。ペックはパットが戦利品を独り占めにし、武器弾薬の購入のために部下に税と強制労働を課していることを非難した。インディオは税の廃止と減額を求めて戦ってきたからである[94]。そして一八四九年九月、バカラルから約八〇キロ南のホルチェン泉でパットを急襲し、捕らえて殺害した。ペックやチャンには、白人寄りのパットに対して戦争開始以来不満があった。主導者二人の死は反乱の勢いを弱めはしたが、終息はさせなかった。部下が上司を暗殺し新たなリーダーに成り上がるという、いわば「下克上」の考え方がマヤのリーダーたちの間に芽生え、反乱軍の統率が効かなくなった。その結果、州政府の攻撃目標が複数化し、一度や二度の勝利では全体の制圧はできなくなった。また和平交渉を進めるにしても相手の絞り込みに時間がかかり、終戦のゴールは見えなかった。

バルバチャノは反乱軍に参加したインディオばかりか、中立のインディオまで捕虜としキューバへ売り払った。一八四八年一一月、バルバチャノは武器を携帯した先住民捕虜をキューバへ奴隷として〃輸出〃する法令を公布した。さらに同知事はキューバ人との間で先住民捕虜を一〇年間、農園で強制労働に従事させる協定にも署名した(95)。代金の一部は政府軍兵士に付与されたために、報奨金ほしさにインディオ狩りが始まった。サンタ・アナはキューバ人の奴隷主義者と結託し、この交易を奨励した。フスト・シエラ・オレイリーは、それらの措置を次のような理屈で正当化してみせた。

「われわれとしては、このやり方に賛成です。もっと早くからこうしておくべきでした。われわれの利益とインディオたちの利益を分離せねばならぬことが理解されはじめたことが、これで明確になりました。インディオたちには他の民族と融和する（このような比喩を使うことをお許しください）意志はなく、また、その能力もないのです。この民族は、厳しく管理されなければなりません。さらに、もしも可能ならば、この国から追放すべきです。彼らに対してこれ以上の寛容はありえません。この苦境に明らかになった彼らの本性は、強い力で抑え込まねばなりません。人類が、文明が、それをわれわれに命じているのです(96)」。

イギリスは州政府と反乱軍の調停を買って出て、ユカタンとベリーズ間の空間に独立した地域の設定を提案した。メキシコ政府はこの提案を承認しようとしたが、バルバチャノはイギリスの拡張主義を容認することになるとして、中央政府に対して断固たる反対を表明した。その後もベリーズのイギリス人は相変わらず反乱軍インディオに武器弾薬を売り渡していた。州政府軍と半島東南部に拠点を構える反乱軍は断続的に小競り合いを繰り返し、一八五〇年は終わった。

第8節　首都の新聞記事(97)

さて、ユカタン半島の先住民の反乱に関して、首都の新聞はどのような記事を掲載していたのか、メキシコ市の定期刊行物資料館に所蔵されているマイクロ・フィルムの調査に基づき検証する。保守系の新聞は、ほぼ一様にカスタ戦争勃発の原因をインディオの野蛮性に帰しているので、調査の対象から外した。当時、比較的客観的で冷静な記事を掲載した「エル・モニトール・レプブリカノ（El Monitor Republicano)」紙（以下モニトールと表記）の見解を以下に提示する（カッコ内は著者解説)。

一八四八年四月二二日:「反乱者のなかに他の種族の殲滅を忌み、われわれが信頼できる人物もいる。それはハシント・パットである。パットは野蛮なセシリオ・チの過激性、獰猛性、残虐性に常々反対している。パットの影響力を利用し、彼の裁量に期待すべきである」。（遠く離れた首都にもカスタ戦争の首長名が知られている。首都の関心の高さを示す記事である。）

一八四八月五月一九日:「インディオには正義があり、ユカタン人は土地の強奪者に過ぎない」（という、ニューヨーク・トリビューン紙の記事を紹介している。米墨戦争とカスタ戦争が重なり、ユカタン政府から米国へ援助や編入の打診があったために、米国でもユカタンの反乱に関して情報が収集されていた。）

一八四八月五月二九日:「米国の支援を受け入れた場合、ユカタンは米国に編入されてしまう危険がある。ユカタンが別の白人の国になってしまうのか、インディオのものになってしまうのかの瀬戸際であるから、共和国はユカタン問題を最優先課題として取り組むべきである」。（米墨戦争が終わり、首都の連邦政府はようやくユカタン問題に本格的に取り組む姿勢を見せている。）

一八四九月六月六日：「インディオ政策として消滅策と反乱の防止策の二つがある。インディオ種族を消滅させるには混血化が適切であるが、この策は時間がかかる難点がある。反乱を防止するには白人が厳格さと宥和という二つの模範を示せば、悪を阻止できる。反乱の扇動者と被教唆者を区別し、後者には配慮すべきである」。（本記事はカスタ戦争の継続を憂慮し、解決策としてインディオの殲滅ではなく、白人との混血化を提案している。）

一八四九年六月二三日：「市民教育、宗教、労働によってインディオを改良すべきである。反乱防止の方策のひとつとして混血化を勧める」。（当時、ヨーロッパの自由主義や実証主義に感化された有識者の中には、生物学的に劣等と見なすインディオを白人との混血化によって「人種改良」しようとする考え方に支配された知識人たちもいた。）

一八四九年八月一二日：「英国はユカタンの係争地を占領しようとして反乱マヤに武器を調達し、彼らを支援している」。（英国が、英領ホンジュラスに隣接するユカタンの南東部に触手を伸ばしていることに警戒感を深めている。）

中央政府の権力闘争に勝利したディアスの政権下、モニトールはカスタ戦争に関して以下のように述べている。

一八七八年二月一二日：「ユカタンのインディオを文明化しなければ、イダルゴ州と同様に共産主義が拡大する」。（イダルゴ州のシエラ・ゴルダの反乱には無政府主義者が関与していた。ユカタンにも社会主義のシンパがいたために、反社会的勢力の拡大を警戒している。）

一八七八年四月三日：「無知なインディオを唆す扇動者を抑えない限り、インディオは悪に染まり、利用される。インディオの教育は急務である」。（モニトールはインディオ教育の重要性を再三強調する。）

一八七九年七月一日：「インディオの権利は無視され、一八五七年憲法に目を通したこともない下級役人に無償労働を強いられている。また専制のくびきがインディオを家族から引き離なす痛ましい徴兵制を強要している。彼らを奴隷状態に放置するのはわれわれ社会の汚点である」。（モニトールは自由主義を掲げるレルド派の新聞であるために必然的に、専制的なディアス政権への舌鋒は鋭くなる。一八七九年は、ディアス政権発足直後であるために政権の批判はまだ可能であったが、世紀末になると言論弾圧が強化され、批判記事は影を潜める。）

一八七九年一一月二六日：「ルソーのエミールとスイスのペスタロッチの教育法に倣い、インディオ教育に力を入れるべきで、ギジェルモ・プリエトが提案した先住民言語によるインディオ教育は有効である」。（プリエトは、理想的な先住民共同体の建設を目指した知識人である。先住民言語によるインディオ教育は、一九七〇年代にようやく日の目を見る政策であり、プリエトは一〇〇年前に進歩的なインディオ自律運動を先取りしていたことになる。一方、保守派の論客ホセ・マリア・ビヒルは、プリエトのインディオ融和政策を厳しく批判し、インディオの同化政策を主張した。）

モニトール紙は自由主義を代弁する新聞であるだけに、当時としてはかなり進歩的で為政者の強硬なインディオ政策から距離を置き、客観的で未来志向の立場を表明している。尤も、同紙は反ディアス派の立場から記事が編集されているために、同紙のキャンペーンを額面通り受け取るわけにはいかない。本節で紹介したのは、収集した記事のごく一部である。カスタ戦争が激化した一八四八年四月から一八四九年末にかけて毎月数本の記事が執筆された。一九世紀後半に激化した北部の「ヤキ族の反乱」に関する記事の乏しさに比較すると、カスタ戦争に関する掲載件数は特筆すべきである。米墨戦争と同時並行に進行した戦争であるばかりか、イギリスやフランスが干渉したことも大きく影響している。首都の連邦政府は深刻な領土問題を抱え国家分裂の強い危機感を抱いていた。カスタ戦争はその意味で単なるユカタンの地域紛争ではなかったのである。

第９節　語る十字架

パットの部下であったメスティーソ、ホセ・マリア・バレラが、兵を率いて山野を彷徨しているときに、偶然、マホガニーの木陰に湧水地を発見し、その内の一本に目印として三つの十字架を刻んだところ、その後水を求めて来る人々は十字架に蝋燭を灯し、祈るようになり、自然に集落が発生した、とバケイロは述べる[98]。バレラがマホガニーの脇に三本の十字架を立てると、崇拝者の数は増え続け、「奇跡」を見ようと日々参拝者が訪れ、供物を捧げた。バレラはこの地をチャン・サンタ・クルス（小さな聖十字架）と命名した。バレラが湧水地を発見した時期については諸説あるが、一八五〇年の初めごろとされている。

現在のキンタナロー州南東部に避難した反乱軍は、指導者を失い、食糧をもとめて密林をさ迷っていた。植民地時代の三〇〇年間、彼らの精神を導いてくれたカトリックの聖職者たちは政府軍側につき、救済と安寧を求めるインディオに応える者はいなかった。そのような絶望的状況を打開する手立てを考えあぐねていたバレラの前に、突然新しい信仰の対象が現れたのである。バレラは、意気消沈したマヤの精神的支柱となり、彼らを鼓舞するようなカトリック的要素を包含し、且つ伝統的宗教に依拠した新しい信仰の創造を思いついた。インディオたちは、天国は白人のためにだけあるのではないか、と思い始めていたからである。[99] バレラはマホガニー製の十字架に腹話術師を介して「語る」能力を与えた。十字架はインディオ兵を前にして、神の加護の下、白人たちに抵抗し、抑圧者に攻撃をしかけるべきであると語り始めたのである。十字架は、さらにインディオ兵には敵の弾丸は当たらないと告げた。「語る十字架」の奇跡は心の拠り所を求めていたインディオたちの間に急速に広まり、逃亡していたマヤがチャン・サンタ・クルスに参集し、嘗ての無人の地は一大聖地となった。「語る十字架」を崇拝するインディオは「クルソー（cruzob）」と呼ばれた。[100] 一八五一年一月、神の声に奮い立ち、二〇〇〇人のクルソーは託宣どおり、カンポコルチェ村を攻撃したが、政府軍によって撃退されてしまった。政府軍は同年三月、チャン・サンタ・クルスを襲撃し、十字架を持ち去った。[101] しかし、杉の木で作られた新しい三本の十字架が現れた。これらの十字架は奪い去られた元の十字架の娘と見なされたので、刺繍されたウイピル（ブラウス）とスカートを着せらせて、帯がしめられ、さらに首飾りをかけられた。そして新しい「語る十字架」として崇められた。[102] 襲撃の際にバレラに使えていた腹話術師のマヌエル・ナワは命を落としたので、バレラは部下のファン・デ・ラ・クルスを十字架の仲介者に仕立て上げ、彼を介して神託を伝えた[103]。新しい十字架の出現によってマヤは生気を取り戻した。政府軍はたびたびチャン・サンタ・クルスを攻撃したが、そのつどクルソーに撃退された。

バレラには腹話術師に代わる何かが必要であった。そこで閃いたのは、茅葺の屋根をもつ教会を建設し、その内部に「ラ・グロリア」と呼ぶ部屋を作り、十字架を安置する祭壇を設けることであった。この聖なる場所は護衛によって守られ、限られた一部の人間しか入室できない場所とされた。声の秘密を守る必要もあった。祭壇の後部に穴を掘り、そこに語り部が潜んだ。語り部は声を拡大しこだまさせるために木製の共鳴箱を使い、大広間に集まった信者たちに神の声を伝えた。信者たちは貧しいにもかかわらず、蝋、トウモロコシ、鶏、豚、現金を捧げた[104]。

チャン・サンタ・クルスでは、十字架信仰の下で独自の慣習・掟が定められ、神の託宣によって軍事作戦が決定された。聖都は半島の他のマヤ社会とは異なり、神とマヤの介在者、タティチ（偉大な父）の下で宗教、政治、軍事が統括され、将軍同士の諍いは存在したが、複数のエスニック集団が集住する階級社会を構築していた。リードは、タティチをカトリックの法王にたとえている[105]。軍は、将軍、少佐、中尉、軍曹、伍長、兵卒に階級化されていたが、戦闘は方面ごとに配置された一六歳以上の一五〇名から構成される中隊が担い、平時は農耕に従事した[106]。クルソーが携帯した武器は輸入品であった。ベリーズの英国商人と誼みを通じ、武器の対価として高価なマホガニー材、赤色染料の原料となる蘇芳、略奪した家畜を提供し、最新式の火器を入手した[107]。英国商人から購入した高性能の武器は政府軍との戦闘で威力を発揮した。半島東南部に確立されたこの聖地は、ユカタン州政府から政治的に独立した主権のある領域へ変貌した。
政府軍とクルソーは境界線上で激しく衝突したが、勝敗はつかなかった。知事のディアス・デ・ラ・ベガは、戦局を打開するために一八五三年、チャン・サンタ・クルスから離反したマヤの穏健派、チチャンハ村のホセ・マリア・ツクと教会税と市民税の免除等を取り決めた一五条からなる平和協定をベリーズで締結した。[108] メリダからもチャン・サンタ・クルスからも地理的に離れた南部のチチャンハは、穏健派勢力の拠点となった。チチャンハのマヤは、チャン・サンタ・クルスの内政にたびたび干渉し、クルソー内部に確執を生み出した。南東部の反乱マヤは、武闘派と和平派に分離して争い、それに個人的野心が加わり一枚岩ではなかった。一八五二年三月～五月ごろ、ホセ・マリア・バレラは、チチャンハの和平派、ツクに接近したために武闘派によって殺害された。[109]
州政府は、政府内の対立と戦争の混乱によって徴税システムが瓦解し、極端な財政不足に陥った。軍事予算の削減は、装備の改善と徴兵を阻害した。[110] 給料の未払いに不満を抱く州兵は反乱軍に合流したので、一八五六年後半におけるチャン・サンタ・クルスの住人の半数は白人、メスティーソから成る非インディオであった。州政府軍からの逃亡兵や捕虜でおよそ四〇〇〇人に膨れ上がったチャン・サンタ・クルスでは、いまやインディオが主人で白人が奴隷となった。[111] クルソーを支配した最高司令官ベナンシオ・プクに従う武闘派のクレセンシオ・ポオト、ベルナベ・セン、ボニファシオ・ノベロが主導権を握っていたが、その一方で和平派のレアンドロ・サントスとディオニシオ・サパタが武闘派と敵対し、両派は戦闘か和平かをめぐり対立状態にあった。[112]
マヤの指導者の間には確執があったが、クルソーの聖地が弱体化することはなかった。クレセンシオ・

ポオトは一八五七年、西部の要衝、テカシュを政府の軍服を着用した偽装部隊で急襲し、一〇〇〇人以上の住民を殺害した。さらにベナンシオ・プクは翌年、バカラルを攻撃し陥落させ、攻勢をかけた。ベリーズ国境に位置するバカラルを奪回したことによって、イギリスの商人との貿易が緊密になり以前のように武器弾薬が容易に入手できるようになった。これ以上の凄惨な戦闘を望まないディオニシオ・サパタとレアンドロ・サントスが同盟し、一八六三年にベナンシオ・プクを葬り、州政府と和平協定を結ぼうとしたとき、二人の指導者はクルソーの前で十字架の声は人間のもので神の声でも超自然的でもないと公表した。[113]プクの死以降、十字架は語ることを止め、チャン・サンタ・クルスの十字架信仰は衰退へ向かった。その後、一時的に聖地を支配したサパタとサントスは殺害され、新しいリーダーには、ボニファシオ・ノベロ、ベルナベ・セン、クレセンシオ・ポオトが選ばれたが、チャン・サンタ・クルスは求心力を失い、ライバルの十字架が出現した。一八五九年頃、「東部の語る十字架」がカントゥニルキンに現れ、一八七一年頃にはトゥルムの「語る十字架」が信仰されるようになった。[114]

ホセ・マリア・バレラはカトリックとマヤの土着宗教を絶妙に習合させ、「語る十字架」という新しい信仰のシンボルを創作した。政府軍に追い詰められ、肉体的にも精神的にも疲弊した反乱マヤは、十字架によって精神的に鼓舞され、再生のエネルギーを与えられ、クルソーという新しい兵士に生まれ変わった。盲目的ともいえる信仰に燃えたクルソーは政府軍と互角に戦い、チャン・サンタ・クルスという聖地を死守した。語る十字架が顕現しなければ、マヤの抵抗は半世紀も続くことなく、一八五〇年ごろ制圧されていたであろう。マヤは自文化の蘇生を試み、生き残ることができた。チャン・サンタ・クルスは語る十字架という宗教を中核に信者を引きつけ、神を守護する軍人に仕立て上げた。その意味では、古代マヤの軍事神権政治の復活ともいえる。

第10節　膠着状態

チャン・サンタ・クルスが半島東部でクルソーの拠点として勢力を維持していたとき、メリダを中心とするユカタン州政府は権力闘争と中央政界の混乱と分裂の影響で不安定な政治状況にあった。メリダ派とカンペチェ派間の政争に加え、中央政界で展開される自由主義派と保守派の権力闘争に巻き込まれ、州知事は一八五八年から一八六三年にかけて八人が交代した。自由主義派は一八五八年、半島での権力闘争に勝利し、レルド法（永代所有財産解体法、第3章第4節を参照のこと）を実施し、保守派を支援する教会の財産を接収した。また新たに「教会抵当法」を設置し、抵当者は不動産価格の五分の二を現金で支払えば、不動産の所有者となれたために教会には大打撃となった。だが反乱の再発を恐れて、インディオが共有地と認識していた荒蕪地の私有地化を抑制した。(115) ユカタン州では、戦争の長期化による不安定な政治・社会状況と軍事費に圧迫される財政難によって、自由主義派が掲げたレルド法とオブベンシオンと教区税の廃止を規定したイグレシアス法の実効性は薄かった。一八六四年、ユカタンはフランスが送り込んだマキシミリアン皇帝の支配下に入った。皇帝は教会税を復活させ、一八六五年一一月八日の国家政令はインディオ庇護を謳い、一八五七年憲法に依拠して付与されたすべての荒蕪地を無効にした。(116) そして、クルソー戦に対して徴兵に応じる者には市民税の負債を帳消しにした。

帝政崩壊後、自由主義政権は帝政時の法律を払拭し、一八七三年、新政令を公布した。この法令は、政治長官に土地と人口を調査させ、存在する農地をロットに分割し世帯主に分配するものである。一五〇人以上の住民の村には、五〇〇〇平方バラ（一バラは〇・八三六メーター）を一五〇人以下の村には、一五〇〇平方バラが付与された。[117] この自由農民創設政策は、マヤ農民の共同体的土地所有システムの終焉かと思われたが、アセンダドとマヤ農民に阻止され、失敗に終わった。自由主義派の大統領、セバスティアン・レルドが一八七六年一一月、権力闘争に敗れて亡命すると同年一二月、ユカタン半島もポルフィリオ・ディアス政権の支配下に入った。

白人たちは恒常的なゲリラ戦の前に、サトウキビ栽培の維持が困難になったが、それに代わる農作物としてエネケン栽培に重点を置くようになった。海外で船舶の増産に伴い、船具に適したエネケンの需要が高まり、国際市場でエネケン価格が上昇したからである。トウモロコシ畑はエネケン栽培に転用され、トウモロコシは輸入された。エネケンの輸出は一八七五年の六〇〇万kgから一八八五年の四三〇〇万kg、一九〇〇年の八一〇〇万kgへと急増した。[118] エネケン農園では、白人側についたインディオも反乱軍から逃亡してきたインディオもルネロ（ペオン）として働いた。反乱軍が支配する地域を除き、ユカタン半島の大半はインディオを安価な労働力とするエネケン農園制が確立された。それは疑似奴隷制であった。半島西部は繁栄し、南東部の密林ではクルソーが生きながらえていた。一方には外部に開放された近代的な社会が、もう一方には閉鎖的な共有地社会が並存し、およそ半世紀、この状態が続いた。しかし、一八九三年にメキシコがイギリス領ホンジュラスを承認したために、イギリスはクルソーへの武器供与を停止した。一八九九年に大統領ポルフィリオ・ディアスの命を受けたイグナシオ・ブラボ将軍は、海軍と共同戦略で反乱軍の鎮圧に向かった。海軍はバカラルを南から攻撃し、ブラボは北からチャン・サンタ・クルスに攻め込んだ。バカラルは一九〇一年三月に、チャン・サンタ・クルスは同年五月に陥落した。一一月、ディアスはキンタナロー連邦地区の創設を議会に提案した。この決定によってユカタン州は三分の一の領域を失うことになった。メキシコ革命後、カルデナスは一九三七年八月、アシエンダ所有の土地の大部分を接収し、集団エヒード（共有地制度）を導入した。二七二のエヒードが「グラン・エヒード」を結成したが、それはエヒード農民がエヒード銀行の単なるペオンに成り下がることを意味した。(119)

結び

「カスタ戦争」という名称は誤解を生じさせる。白人とマヤ先住民の人種間戦争を連想させるが、実際には白人、メスティーソ、インディオが合い乱れて争った人種混淆の戦争であった。白人とメスティーソの中には、インディオと共闘した将兵がいた。また共通の言語と文化的同一性にもかかわらず、ユカタン西部のマヤは白人側につき、南東部のマヤと対立した。決して二項対立的な人種間闘争ではなかった。「カスタ戦争」という名称は、野蛮で残虐なインディオを貶め、彼らに一方的に戦争の原因を押しつける白人側の創作と言える。しかし、通説が重視する戦争の宗教性は一考に値する。中央高原は一六世紀初めに征服されたが、ユカタン半島深奥部でマヤ王国を維持していたペテン地方のイツァー族の制圧は、実に一六九七年である。ユカタン半島は首都から遠く、鉱物資源も乏しかった。そのためにスペイン人の関心を引かなかった。スペイン人の手が伸びなかったということは、それだけ古代宗教を信仰するマヤ社会が生き残ったことを意味する。マヤの不満分子には常に避難場所が確保されていた。伝道村や農園でカトリックを信仰するインディオは、不満があると、半島の東南部へ逃げ込み、土着のマヤ宗教に触れた。半島の奥には古代宗教の受け皿が用意されていたのである。カトリックと土着宗教の習合から生まれた「語る十字架」は、半島の後背地の存在なくしては誕生しなかった。カスタ戦争のメシア性が強調されるのはこのような半島の地理的、歴史的特殊性に依る。「語る十字架」の出現がなければ、反乱は一八五〇年頃、終息していたであろう。「語る十字架」がさらに五〇年反乱を継続させたと言える。だが、「語る十字架」がクルソーを結束させたとは言え、一八四七年にマヤが白人への不満を爆発させたエスニックな戦争は、一八五〇年以降、マヤの野心的リーダーたちが自身の政治的地位や経済的権益を守ろうとした大義に乏しい、個人的、局地的戦争に変質した。

税制の観点からカスタ戦争を検証すると、教会税と人頭（市民）税の重要性が浮かび上がる。ユカタン半島は植民地時代からインディオから人頭税と教会税を搾り取り、さらに過酷な賦役を課し、彼らを苦しめた。インディオは本来、スペイン王室の臣民であるから、王室官吏は被搾取者を法で庇護し、聖職者は弱者を精神的に支える義務があった。ランダ司教やパラダ司教のようなユカタンの宗教界の指導者がインディオの賦役、教会税、謝金の軽減に尽力したにもかかわらず、在俗司祭、修道司祭を問わず聖職者はインディオの負担軽減策に反対し、知事を筆頭に行政官も同調した。

独立戦争時、カディス憲法がインディオを市民と認め、不当な教会税の廃止を取り決めたが、ユカタン政府は最終的には植民地時代の税制に回帰した。厳しい税負担から解放される希望は見事に打ち砕かれ、期待感が大きかっただけにインディオの不信感は増幅した。カスタ戦争勃発時に締結されたツカカブ協定の要諦が市民税の廃止と教会税の軽減であることを勘考すれば、インディオにとっては税制改革がいかに重要性を持っていたか理解でる。しかし、本来積極的にインディオの税負担を軽減すべき政府はインディオの軍事力を取り付けるために、徒に口約束を繰り返すばかりで、インディオの要求に真摯に応えなかった。政府は頑なに教会税の徴収を主張する聖職者を諫めるどころか、教会の徴税権を認めインディオの嘆願を蔑にした。政府は市民となったインディオの権利を保護すべきにもかかわらず、逆に教会の主張を支持し、調停者としての立場を放棄した。

もしユカタン政府、エンコメンデロ、聖職者がパラダ司教の改革に協力し、インディオの教会税と賦役の負担を軽減させていれば、カスタ戦争は勃発しなかったかもしれない。ユカタン政府は、農園主と聖職者のインディオに対する搾取を窘める調停者の役割を放棄し、インディオからの搾取を恒久化しようとした。ユカタンでは、インディオを救済するアクターは存在せず、政府、農園主、聖職者が一同に貧しい弱者から税を取り立て、さらに彼らに強制労働を課した。誰も頼みにできないインディオは武器を取るしか道は残されていなかった。

(1)「カスタ」とは血統とか階層という意味だが、多くの白人支配階級は、先住民の暴力への恐怖から「文明人の白人と野蛮な先住民族」という対立の構図を作り上げ、人種間戦争に特化するためにこの言葉を用いた。ユカタンでの戦争ばかりではなく、他地域の先住民の反乱もしばしば「カスタ戦争」と呼ばれた。

(2) マヤ先住民とは、広義には紀元前からメキシコ南部、グアテマラ、ベリーズ、ホンジュラスに住んでいたマヤ系の言語を話す人々を指す。本書に登場するマヤ先住民は、主として一九世紀にユカタン半島、グアテマラ北部、ベリーズに居住していた人々を指し、マヤ、マヤ族、マヤ・インディオと表記される場合もあるが、同義である。

（3）Sierra O'Reilly（2002）, pp. 140–141.
（4）Ancona T. Ⅳ, pp. 7–10.
（5）La Patria, 一八七九年四月一日、La Tribuna, 一八八〇年一二月四日。
（6）Pimentel, pp. 217–218.
（7）Baqueiro, T. Ⅰ, p. 203, T. Ⅲ, p. 298 バケイロは、インディオには反乱する正義と大義があったとカスタ戦争を公正に分析している。
（8）Carrillo y Ancona, pp. 24–25.
（9）González Navarro, p. 72, p. 257.
（10）Reed（1964）, pp. 132–145.
（11）Rugeley, p. 5, p. 349.
（12）Careaga, p. 20.
（13）Gendrop, pp. 185–196, Durán, T. Ⅰ, p. 9. チチェン・イッツァーは半島の中央部に位置し、古典期からこの地域の中心都市であったが、その繁栄が頂点に達するのは後古典期である。古典期のマヤ文明に中央高原のトルテカ文明が導入され、二つが融合したマヤ・トルテカ文明が誕生した。メソアメリカ最大の球戯場、トルテカ様式の列柱が採用された戦士の神殿、生贄のレリーフが刻まれたジャガーと鷲の神殿が代表的建造物であるが、正方形で三六五の階段があり、春分・秋分に蛇の影が出現するククルカン神殿の重量感は圧巻である。ククルカン（羽毛の蛇）は、中央高原の都市トゥーラの神官ケツァルコアトルのことで、ケツァルコアトルが政争に敗れ、東に去り、後年帰還するというトルテカ神話がユカタンに伝播したとされている。
（14）Chamberlain, pp. 234–236. チエトゥマル地方で無抵抗なマヤに残虐行為を働いたのは、メルチョル・パチェコ隊である。そのため多くのマヤがペテン地方に逃れた。
（15）Bracamonte, pp. 16–17.
（16）Bricker, pp. 6–7. マヤ人は、カトゥン（七二〇〇日）が一三回巡るごと（約二五六年）に都市を放棄して新たな場所へ移住した。

(17) Bracamonte, p. 21.
(18) Berzunza, p. 103.
(19) Jones, pp. 132-133.
(20) Bricker, p. 23. カネクの甥が一六九五年末にメリダに出向き、恭順の意を示したのは、一六九七年が短期暦で新しいサイクルが始まる年（カトゥン・八・アハウ）に当たったからである。
(21) Bracamonte, p. 34.
(22) Ibid., p. 60.
(23) Sierra O'Reilly（1994）, pp. 331-378.
(24) Moreno, p. 93. 単なる酔っぱらいの喧嘩から始まった騒動が、急速に抵抗運動に変質した。
(25) Riva Palacio, pp. 357-359.『メキシコ、世紀を越えて』は全五巻、四四三三ページからなり、リバ・パラシオを編者に当時を代表するメキシコの知識人、チャベロ、サラテ、ファン・デ・ディオス、オラバリア、ビヒルによって執筆された。
(26) Reed（1964）, pp. 43-44.
(27) Florescano（1994）, pp. 411-461.
(28) Bracamonte, p. 75.
(29) Dumond. p. 57.「ハシント・ウクは幼い頃、フランシスコ会修道士に保護され、カンペチェとメリダの修道院で教育を受けた。そのため、スペイン語とラテン語の素養があった。しかし、素行不良で修道院を追放された。後代の注釈者は、彼の放恣な人生は彼のインディオという出自によって聖職者への門戸が閉ざされたせいである、と推測している」とドゥモンドは記している。『メキシコ、世紀を越えて』では、修道院を追放された後、糊口を凌ぐためにパン職人となっている。Riva Palacio, p. 357.
(30) Florescano（2001）, pp. 219-220.
(31) Bartolomé, p. 15.
(32) Ibid., pp. 16-17.

（33）Bracamonte, pp. 76–80.
（34）Ibid. p. 127.
（35）Dumond. p. 59. ドゥモンドは、「一一月二〇日の事件が事前に計画されたということに関しては納得できる証拠がない。拷問を受けたわずかなインディオの自白を根拠にした陰謀説は証拠としては脆弱である」と主張している。
（36）Bracamonte, p. 95–96.「司祭を殺し、教会を焼き、わがものである財産を奪え。司祭の財産を接収せよ。投降するスペイン人は殺さずに年貢を払わせよ。スペイン人の女はインディオと結婚するなら殺すな」とカネクは説教を続けた。
（37）Ibid., p. 97.
（38）『メキシコ、世紀を超えて』は、スペイン軍の総勢を約二〇〇〇名としている。Riva y Palacio, p. 358.
（39）Bracamonte., pp. 166–169.
（40）Ibid., pp. 175–179.
（41）Dumod, p. 46, p. 79. 一八世紀末から砂糖の需要が高まり、半島西部で牧畜のエスタンシアがサトウキビのアシエンダに切り替えられたが、半島の東部と南部には拡大しなかった。
（42）Rocher Salas（2004）, p. 58.
（43）Peniche Rivero, p. 154.
（44）González Navarro, p. 26.
（45）Pehiche Rivero, p. 153.
（46）Aguirre, p. 473.
（47）Rocher Salas（2004）, p. 55. 一七世紀初頭、フランシスコ会は二四の伝道村を管理していた。一方在俗教会はスペイン人の教区を三か所、インディオの村を九か所、管轄下に置いていたが、その内の五か所はフランシスコ会が開いた村が世俗化されたものである。
（48）Aguirre, p. 478.
（49）Ibid., p. 476. 一八世紀中葉、ユカタンの教会税は、大オブベンシオンと小オブベンシオンに二分化された。前者は毎年恒例の主要な祭り、守護聖人、聖体行列の費用負担であり、後者は洗礼、婚礼、埋葬等の不定期な謝金である。

(50) Rocher Salas (2010), p. 143. 一七五七年における司教の一〇分の一税の収入は一万七四〇六ペソに過ぎなかったが、フランシスコ会の教会税収は約六万七〇〇〇ペソに上った。

(51) González Navarro, p. 26. スペイン人は婚姻に一二ペソ＝九六レアル、埋葬に一五ペソ＝一二〇レアル支払っていた。一ペソは八レアル。

(52) Aguirre, p. 488.

(53) González Navarro, p. 34.

(54) Ibid., p. 46. インディオが、白人と同額の婚礼と埋葬の謝金を支払うのは無理である、と司祭たちは考えた。

(55) Ferrer Muñoz, p. 24.

(56) Serrano Catzin, p. 57. 一〇分の一税は二年ごとに徴収され、一八二九―一八三〇間は約三万七二九九ペソ、一八三一―一八三二間は約四万七〇五ペソ徴収された。

(57) González Navarro, p. 69.

(58) Serrano Catzin, p. 69.

(59) Ibid., p. 61.

(60) 一週間のうち月曜日だけ農園主のために労働する義務があったために、ルネロ（月曜労働者）という名称がつけられた。ルネロの日当（六時間労働）は一レアルであった。Peniche Rivero, p. 155. ユカタン地方ではアシエンダ内で働く農民をルネロと呼んだが、通常アシエンダの農業労働者をペオンと言う。

(61) Ibid., p. 156.

(62) Flores Escalante, p. 177. 一七七〇年、ブルボン改革によってユカタンにはスペインの港との自由貿易が承認された。

(63) Ibid., p. 177.

(64) Florescano (2001), p. 299.

(65) Ibid., p. 300.

(66) Reed (1964), p. 27.
(67) Ancona, T. Ⅳ, p. 10. アンコナは、インディオを教育する前に軽率にも武器を持たせたことがカスタ戦争勃発の一因となった、と主張する。
(68) González Navarro, p. 71.
(69) Reed (1964), p. 28.
(70) Ancona, T. Ⅳ, p. 12. 一八四四年七月、州政府は対メキシコ戦に参加したインディオに報賞として四か月分の減税を行っただけである。González Navarro, p. 72.
(71) Rugeley, p. 36.
(72) Góngora, p. 199. 一八四三年一二月一四日、ユカタン共和国は、メキシコ共和国との条約を締結し、メキシコ共和国に復帰した。後者が軍事司令官と知事の前者による任命権、農園の再建、税の優遇、メキシコ側の港との自由貿易、共和国議会の国会議員の任命権、過去の清算という条件を受け入れたからである。そして、一八四四年一月一一日、サンティアゴ・メンデス政権下、ユカタンはメキシコ共和国へ正式に復帰した。
(73) Reed (1964), p. 42.
(74) Baqueiro, T. Ⅰ, p. 100.
(75) Ibid., T. Ⅰ, pp. 109-110. この戦闘には、カスタ戦争で先住民リーダーの一人となるセシリオ・チも参加していた。
(76) Reed (1964), p. 55. パットは白人政府を変更すること、アイは白人をユカタンから追放すること、チはすべての白人の殲滅を望んだ。
(77) Ancona, T. Ⅳ, pp. 21-23.
ラホンへの尋問、Quintal Martín (1986), p. 24-25.
裁判官：「提示された証拠品は、チが書いた手紙と同一のものか？」
ラホン：「間違いありません」
裁判官：「どのように入手したのだ？」
ラホン：「私はチチミラで焼酎の販売をしております。アイが店に来たとき、彼が床の上に置いた帽子の中にある紙片に気づきました。政府長官に漏らさないように釘を刺されましたが、性悪な性格ですから、放火されたり殺されたくなかったので、漏らさないと誓いました」。
裁判官：「アイはスペイン語の読み書きができるのか」
ラホン：「はい、私の前で書いたことがありますから。」
アイへの尋問、Quintal Martín (1986), pp. 26–27.
裁判官：「収監された理由を知っているか?」
アイ：「いいえ、さっぱりわかりません」
裁判官：「チからの手紙はお前宛か?」
アイ：「はい」
裁判官：「手紙には何と書いてあったのだ?」
アイ：「読んでいないので、わかりません」
裁判官：「お前宛の手紙をなぜ読まなかったのだ?」
アイ：「スペイン語で書いてありましたから」
裁判官：「村長が読んでお前に説明しなかったのか?」
アイ：「はい」
裁判官：「手元にある手紙を読んでみよ。スペイン語の手紙を読んだお前に尋ねる。何の手紙だ?」
アイ：「読みましたが、理解できません」。(マヤ語で尋問した通訳を介して、証人は裁判文書に署名した)。
アイはスペイン語の読み書きができたが、裁判ではそのことを否認している。カスタ戦争で戦った先住民のリーダーたちには、十分な識字能力が備わっていた。公文書館に残された数多の書簡がそれを証明している。

(78)　メンデスに対して二度も反乱したバルバチャノ派のセティナは、逮捕後、二度とも恩赦を与えられている。Ancona, T. Ⅳ. p. 53–60.

(79)　Reed (1964), pp. 63–66. ベタンクールは、「チを逮捕にきた政府軍がチの農場を略奪・放火し、インディオの少女を暴行したうえに、捕らえた先住民たちを銃殺したことがチの怒りを誘発し、報復につながった」とテピチの虐殺の背景を語っている。Betancourt, pp. 116–117.

(80) Baqueiro, T. Ⅰ, p. 199. 白人からその野蛮性を非難されたインディオのリーダーたちは、次のように反駁している。「いま、われわれがあなた方を殺しているが、その手段を最初に教えてくれたのは、あなた方だった。われわれが白人の館やアシエンダに放火するのは、あなた方が最初にテピチ村を焼いたからです」。

(81) Ancona T. Ⅳ, p. 43.

(82) González Navarro, p. 90.

(83) Ancona, T. Ⅳ, pp. 66–67. 特別税では間に合わず、義捐金、強制税、教会の宝物の供与を課した。Ancona, T. Ⅳ, p. 105.

(84) ラゲリーは、インディオ・イダルゴの出現はそれまでマヤ共同体を支配していたバタブの衰退を招いた、と指摘する。Rugeley, p. 85.

(85) Ibid., p. 89.

(86) Bricker, pp. 93–94.

(87) Quintal Martín（1992）, p. 17.

(88) Ibid., p. 19.

(89) Dumond, pp. 118–119.

(90) Lapointe, p. 71.

(91) Careaga, p. 116.

(92) Betancourt, pp. 142–143.

(93) Reed（1964）, p. 116. ジョセフ・オワイトに率いられた九三八名のアメリカ兵は、ニューオーリンズで乗船後、半島北部のシサル港に上陸し、その後メリダ南方のテカシュに派遣された。

(94) Ancona, T. Ⅳ, p. 262–264. パットはベリーズから武器を購入する資金が枯渇したので、反乱軍に税を課したが、そのような措置は戦争中、初めてのことであった。東部と南部のバタブ間には、ツカカブ協定以降、敵対心があり、争いの口実だけが必要だった。このパット暗殺説に対して、リードは、パットがベリーズに向かったのは武器を購入するためではなく、政府と和平協定を結ぶためであったが故に、武闘派によって殺害された、と主張する。Reed（1997）, pp. 65–66.

(95) Ancona, T. Ⅳ, p. 270. 政府はインディオ一人当たり二五ペソを受け取る。インディオは毎月二ペソ、毎週三アルムー（一アルムーは四・七リットル）のトウモロコシ、毎年二枚の綿衣類が支給される。

(96) Rodríguez Peña, pp. 72–73. 共和国大統領となったベニト・フアレスは、この唾棄すべき交易に反対し、一八六一年に廃止した。

(97) El Monitor Republicano：一八四八年四月～一八四九年八月。一八七八年一月～一八七九年一二月。

(98) Baqueiro, T. Ⅱ, p. 387.

(99) Ancona, T. Ⅳ, p. 313.

(100) Reed（1964）, p. 159. スペイン語の cruz（十字架）にマヤ語の複数接尾辞がつけられた造語。

(101) Baqueiro, T. Ⅱ, p. 390.

(102) Careaga, p. 120.

(103) フアン・デ・ラ・クルスの氏名が記載された史料は、信憑性に問題があるため、彼の存在は推測の域を出ない、とラゲリーは指摘する。Rugeley, p. 102.

(104) Reed（1964）, p. 139.

(105) Ibid., p. 161.

(106) Ibid., pp. 161–162. Careaga, pp. 121–122.

(107) Ibid., p. 163.

(108) Antochiw, pp. 105–107. 教会維持のために洗礼謝金を六レアルに、婚姻謝金を一六レアルに規定する条項の他、降伏、恩赦、武器の所持、強制労働の禁止、土地の返還、村の建設等が決められ、ツク以下一二名の司令官が協定に署名した。だが、反知事派の州政府議会は、インディオに武器の携帯と市民税の免除を保障した同協定を批准しなかった。

(109) Careaga, p. 58. カレアガは、バレラは一八五二年一二月に病死したとされていたそれまでの通説を覆し、脱走兵の聞き取り調査記録に依拠して一八五二年の春に銃殺されたと新説を唱える。

(110) Rugeley, p. 190. 一八六一年八月における兵への給料の遅配は三〇万ペソに膨らんだ。当時の軍の月給：大佐三〇ペソ、中佐二〇、少佐一五、大尉、軍医、従軍司祭一〇、中尉八、少尉六、上級曹長二、軍曹一・五、軍楽隊一・二五、兵卒一。Ancona, p. 267.
(111) Dumond, p. 260, Reed, p. 175.
(112) Rugeley pp. 176–177. リードは、サントスとサパタは、スペイン語とマヤ語が話せるバイリンガルの白人だったためにプクに重用された、と指摘する。Reed（1997）, pp. 68–69.
(113) Careaga, p. 135, Dumond, p. 255.
(114) Ibid., p. 136.
(115) Rugeley p. 201, p. 272.
(116) Ibid., p. 221.
(117) Ibid., p. 272.
(118) Reed（1964）, p. 231.
(119) Ibid., pp. 266–267.

第2章

チャルコの農民、フリオ・ロペスの反乱

イスタシワトル山とポポカテペトル山（撮影：著者）
本章の舞台となるチャルコ地方の風景。恋人が戦死したと思い込み、悲しみのあまり息を引き取ったイスタシワトル姫に寄り添う戦士ポポカテペトル。チャルコ地方は、両火山の麓の沃野で栽培されるトウモロコシの穀倉地帯である。

初めに

本章ではメキシコ市郊外に位置するチャルコ地域における農民反乱を分析する。チャルコの反乱の指導者は、フリオ・ロペス[1]というアシエンダのペオン（アシエンダ内の農業労働者）である。ロペスが研究者から注目されてきたのは、彼がシャルル・フーリエの社会主義的理念、ピエール・プルードンとミハエル・バクーニンの無政府主義に影響を受け、アセンダドに対して武装蜂起したと言われているからである。当時のメキシコにおいて社会主義的、無政府主義的思想に依拠して反乱を起こした例は稀である。ではどうしていち農民であるロペスが当時のヨーロッパ思想に共鳴したのか。これまでフリオ・ロペスに関する研究はフーリエ、プルードン、バクーニンの思想の影響を前提として論じられてきたが、ロペスがフーリエの自由と秩序を調和させるファランジュの思想や、プルードンとバクーニンの無政府主義思想に通じていたという文書はないと、ロペスの反乱とこれらの思想家との関連性を否定する研究論文もある[2]。

ロペス研究の先鞭をつけたのは、ホセ・バラデスである。バラデスは一九二四年に発表した小論文でロペスの反乱を無政府主義と断じた[3]。その後のロペス研究はバラデス論文に依拠して発表された。ディアス・ラミレス（一九三六年）はチャルコの農民反乱を疑似共産主義と考え、ガルシア・カントゥ（一九六九年）はキリスト教的無政府主義、ジョン・ハート（一九七四年）は社会主義と無政府主義のカテゴリーに農地改革主義を加えた。レティシア・レイナ（一九八十年）とマルコ・アントニオ・アナヤ（一九九七年）は農地社会主義、ロマナ・ファルコン（二〇〇五年）は農地改革主義と見なしたが、ジョン・トゥティノ（一九八八年）は、チャルコの農民は弱体化し分裂したかに見えた国の政治・経済エリートの状況を失地回復の機会だと捉え、反乱したと分析した[4]。

本章では、まずチャルコの歴史を述べ、次にロペスの反乱を検証した上で、フーリエ、プルードン、バクーニン思想の導入と影響を明らかにし、政府とアセンダドが連携して農民を抑圧した構図を提示する。

第1節　チャルコの歴史

現在のメキシコ市はかつて湖であった。北方から渡来したアステカ族は、一三二五年頃、メキシコ盆地の中央を占めるテスココ湖にあった小島に定住した。その後小島周辺を埋め立て、土地を拡張し帝国の首都テノチティトラン（現在のメキシコ市）を建設した。現在は湖が埋め立てられ、当時の面影はほとんど残っていないが、市南部のソチミルコは運河を利用した舟遊びの場所として今でも観光客の人気を集めている。市南東部に位置するチャルコは、かつてはテスココ湖につながるチャルコ湖を介してソチミルコやメキシコ市と結ばれていた[5]。チャルコ湖周辺からイスタシワトルとポポカテペトルの両火山の麓に広がる平原にはチャルコをはじめ、トラルマナルコ、テナンゴ、アメカメカ、チマルワカン等の集落が点在している。チャルコ湖には魚類、軟体類、甲殻類、両生類が豊富で、鶴、家鴨、雁、ペリカン等の鳥類の生息地や渡来地でもあった。二〇世紀初めまでは古代の運河を利用してチャルコからメキシコ市まで農産物が運ばれていた。チャルコはアステカ王朝時代からスペインの植民地時代を経て、二〇世紀初頭のメキシコ革命まで湖を利用した水上交易の要衝であった。またチャルコは水運の便に恵まれていただけではない。メキシコ盆地の南東部という立地条件によって、盆地外に続く東部のプエブラや南部のモレロスにつながる陸上交通の要でもあった。プエブラ地方のトウモロコシや小麦と亜熱帯気候のモレロス地方で生産される砂糖、蜂蜜、果実がチャルコに集積された後、舟でメキシコ市に移送されたのである。またチャルコは農業の盛んな地でもあった。イスタシワトルとポポカテペトルの両火山の融水が流れ込み、チャルコ低地には無数の川が形成された。火山から運ばれる水は養分に富み、チャルコ一帯を肥沃な耕地にした。この沃野には先スペイン期にはトウモロコシ、豆、カボチャ、アボガドが栽培され、植民地時代にはスペイン人が小麦、リンゴ、ナシ、マルメロ、モモ、イチジク、クルミ、スモモを導入した。[6] 周辺の山地に広がる森林には杉、樫、松、樅、サイプラスが茂り、伐採された木材は建築資材、舟建材、薪、炭として地元やメキシコ市に供給された。

このようにチャルコは交通の要路、農作物生産地、木材供給地として古代から重要な地位を占めた。植民地時代に利用価値のある土地をめぐる紛争が、先住民とスペイン人入植者の間に起こるのは火を見るよりも明らかであった。征服直後の一五二四年に創設されたメキシコ市の聖フランシスコ修道院は、修道院建築に必要な木材や燃料用の薪をチャルコの森から供給される権利を獲得した。チャルコ、トラルマナルコ、ミルパの先住民たちは、同修道院に建材と薪を収めている。[7] 首都の拡大に伴い建材と燃料用薪の需要が上昇し、メキシコ市周辺の森林が侵食されたので、一五三八年、木材の伐採に関する禁止規定が発令された。不法な木の伐採者に対しては罰金が科せられ、その半分は市に収められ、残りの半分は告発した役人のものとなった。だが、不法伐採に歯止めをかけることはできなかった。そのため伐採地域が限定され、まず、首都から一〇レグア（一レグアは約五・六㎞）地帯が伐採禁止地区となり、さらに一五レグア以内が禁止区域に指定され、チャルコ地方も含まれた。[8] チャルコ地方では先スペイン期に建設されたアヨツィンゴの船着き場が水上交通の要となっていた。先住民チャルコ族は植民地初期には船着き場を中心とする交易ルートの権益を守った。だが、一七世紀にアウグスチヌス会が王室からアヨツィンゴの船着き場の権利を獲得したことによって、先住民の船着き場の権利が脅かされることになった。アウグスチヌス会は独占権益を守るため新たな船着き場の建設を妨害した。一六三四年、既存の船着き場を所有するウイツルシンゴの先住民たちは、船着き場の賃貸をめぐりアウグスチヌス会と訴訟になり、アヨツインゴの修道院長は修道会を支持したが、訴訟は先住民側に有利な判決が下された。[9]

メキシコ中央高原の先住民は主に疫病の頻発によって征服直後の一一〇〇万の人口が一六九〇年には一二〇万人へと十分の一に激減した。[10] そのため植民地政府はレパルティミエント制（先住民の割り当て制度）を導入して労働力を補充しようとしたが、先住民は拒否した。人口の少ない先住民に発言力があったのである。チャルコの先住民農民も政府が要求した労働力の派遣を拒否している。[11] この人口減少傾向が増加傾向に転じるのは一八世紀後半である。一七四三年の『地誌報告書』によれば、チャルコには四六の先住民共同体が存在し、先住民たちは農業、漁業、運搬人（馬子）、舟の漕手として様々な経済活動に従事していたことがわかる。一七六九—一七七〇年の『地誌報告書』には一七四三年より一二村増えたことが記載され、一八世紀後半の人口増を証明している。新村は既存の村の一部であったバリオ（地区）がアシエンダから土地を取戻し村に昇格したものである。前述の二つの『地誌報告書』を比較すると、一七四三年から一七六九―一七七〇年までに全人口は五〇二六人から七九八三人へ増加している。そのうち先住民は、四七五四人から六八三六人へと三〇％増加し、非先住民（スペイン人、メスティーソ、ムラト）は二七二人から一一四七人へと大幅に人口が増え、二七年間に急速な人口増が見られる。一七四三年に存在した四六村のうち三〇村が先住民の村、一六村は人種混合村であるが、一七七〇年には純粋な先住民村は二〇に減少し、混合村が二三に増えた。[12] 統計からチャルコに外部から人が移住し、先住民とスペイン人やメスティーソとの混血化が進行していることが明らかである。

人口増に起因し、一八世紀後半には、水・土地の権利と山林の使用権をめぐり先住民とアセンダド間の裁判が増加し、新たな村が生まれた。サンフアン・アツァクアロヤがバリオから村へ昇格した事例はその好例である。一七九一年、ディエゴ・アレホ・ドミンゴが所有していたサンタ・クルス・アシエンダの一部が村の所有となり、サンフアン・アツァクアロヤはバリオから村へ昇格した。この土地は一七八九年からサンフアン・アツァクアロヤ村の所有とされていたが、一七九一年、ハラ伯爵がアツァクアロヤの住民に土地六〇〇バラ（一バラは八三・五九㎝。一バラの長さの竿が土地の測量に用いられた）を奪われたと裁判所に訴えた。判決は村所有を認めたが、一七九三年、裁判所は申請された六〇〇バラの住民の土地はなかった、と判決を覆し、村はバリオに逆戻りした。それに対して村人は控訴し、同年サンフアン・アツァクアロヤ村に土地は戻された。[13] 一七七六年、チャピンゴ・アシエンダ周辺の農民は、アシエンダに帰属する山林で薪用の木を伐採した際に、アシエンダ側に使用料を要求されたので、旧来の木材伐採権を主張し裁判所に訴えたところ、裁判所は農民に有利な判決をくだした。[14] 以上のアセンダドと農民の種々の紛争はチャルコ周辺の例であるが、同様の紛争は植民地全体で起こった。植民地時代、裁判所はアセンダドと農民間の訴訟に関してアセンダド側に有利な判決を下す傾向があったが、それでも比較的中立的立場を保ち、調停機能を果たしていたと言える。

第2節　反乱の兆し

一八二四年憲法は、メキシコ連邦共和国を二〇の州と四つの直轄領に分割し、チャルコはメキシコ州の一自治体となった。一八二七年、メキシコ州の州知事に選任された自由主義者のロレンソ・デ・サバラは回顧録の中で、不公平な土地配分によって日雇い農民（ホルナレロ）は惨めな状況におかれ、その五分の三は粗末な掘っ立て小屋に住み、文明の原則に悖る野蛮な生活を送っていると嘆いている。[15]農民の窮状を懸念したサバラは一八三三年、モンテレオネ公爵の不動産を接収し、メキシコ州の農民に分配した。[16]一八四九年、メキシコ州知事のマリアノ・アリスコレタは、アセンダドから不当に農民共同体の土地を奪われたというハナカテルコ村の訴えに対処しようとして、不在アセンダドたちをメキシコ市に招集して、アシエンダに帰属しない係争中の土地を農民に付与しようとした。その提案に対して、アセンダドたちはそのようなことをすれば、要求がエスカレートし、反乱が起こるとして反対した。アセンダドたちは知事の提案を否認し、アシエンダを守るために武装し、お互いに助け合うことを決定した。農園主たち、アンドレス・キンタナ・ロー、マリアノ・イカスバルセタ、ガブリエル・デル・イエルモ、フランシスコ・イトゥルベ、イグナシオ・コルティナ・チャベスの圧力に屈し、知事は辞任に追い込まれた。同時期にキンタナ・ローはアルモロヤ村ともウエホカルの水利権をめぐり対立した。裁判所はキンタナ・ローの勝訴としたが、村民は納得せず、非武装で道路に横たわり通行を妨げ湧水地までの進路を阻んだためにキンタナ・ローは湧水地を確保できなかった。キンタナ・ローは知事のアリスコレタに軍隊を派遣するように要請したが、知事は軍隊が撤退すれば同じ妨害行為が繰り返されるから軍隊の派遣は無意味であると回答した[17]。

アセンダドがこのような強硬な手段に訴えるのは、彼らが経済的に疲弊したことに加え、農民労働人口が減少したからである。独立戦争によってメキシコ社会は大混乱に陥った。スペインとメキシコ両軍による徴発と襲撃によって、アシエンダはその機能を低下させ、放棄されるアシエンダも出た。さらに米墨戦争（一八四六―一八四七）がアセンダドの衰退に拍車をかけた。一方、一八三三年と一八五〇年にチャルコではコレラが流行し、植民地末期に上昇傾向にあった農民人口増加は鈍化した。農民は人口減少によって、アシエンダとの労働交渉において優位に立った。そのため、日雇い労働者の日当は植民地時代の二レアルから三レアルへと上昇した[18]。一八四九年、リバ・パラシオが所有するアスンシオン・アシエンダでは、共有地の農民が彼らの収穫が終了するまでアシエンダで働こうとしなかったために、収穫が遅れた。アスンシオンの管理人は、アシエンダの住人八名が罹患し、二名が死亡したと報告している。疫病が流行すると、十分な労働者を確保できず、耕地は放棄された。チャルコ農民は疫病で人口が減少したが、労働力を必要とするアシエンダとの交渉力は増した[19]。

米墨戦争の敗北によってエリートの経済的衰弱は深刻となり、何らかの改善策への着手を迫られた。チャルコでは一八四九年から一八五六年にかけて収穫を上げ収入源を確保するために牧畜と新しい水利技術の導入が試みられた。六つのアシエンダが牛乳製造に乗り出した。牛乳製造には人手がかかるが、乳牛を購入し、アルファルファを作付した結果、牛乳販売は定期収入を増やし、高利の貸し付けの必要性が減じた。また牧畜は灌漑を必要としたので、アセンダドは水の供給を確保しなければならなかった。アスンシオン・アシエンダは一八四九年、外国人技師の指導によって新堰と灌漑堤防を建設し、また地下水の探査も行った。しかし、このようなアセンダドの水利事業は、農民共同体との新たな紛争を誘発し、農民共同体との関係を悪化させた[20]。

経営が逼迫したアシエンダはその打開策のひとつとしてアパルセリアという制度を発案した。アパルセリアとはアシエンダが共同体の農民に土地を貸し、農民は借りた土地を耕し、その結果生まれた収穫物を両者で折半する制度である。分益小作契約と呼ばれる。アセンダドは自前の労働力を供給する必要はなく遊休地を貸すだけで、豊作であれ、不作であれ、収穫物の半分を手にすることができた。だが、小作農民は不作のとき、提供した労働に見合うだけの果実を手にすることはできなかった。それでもチャルコの農民がアパルセリアを受け入れたのは、農地の管理裁量権があり、最低限の食料が獲得できたからである。アパルセリアはアセンダドの切迫した問題を多少は和らげた。チャルコではアスンシオンで一八五六年に実施された。アセンダドはアパルセロ（分益小作人）と利益を分担するようになっていた。アパルセロは個人農家ではなく共同体の農民であった。豊作の年は問題ないが、不作のときは、飢餓に苦しみ痩せた非灌漑地を耕作させたアセンダドへの不満が募った。アセンダドは地味豊かな土地で収穫できていたからである。アパルセリアでの飢餓は自然災害ではなく社会問題であった[21]。

一八四九年以降、メキシコ盆地やその南部で一連の農民の抗議が続発した。クエルナバカ、クアウトラ、チャルコを囲む低地は激しい闘争の舞台となった。農民は判決を無視し、国家に承認された所有権の尊重を否定し、賃料を払わず、労働意欲がなかったと記録されている[22]。このような緊張関係を解決するために、チャルコのアセンダドたちは州知事、地方長官、軍司令官と組織的に連携し、農民の不穏な動きを抑圧しようとした[23]。

一八四九年、サンフランシスコ・アクアウトラの農民はソキアパンのアシエンダと水を巡り対立し、耕作地、牧草地、山林を失った。農民側は裁判に持ち込んだが、アシエンダに有利な判決が下されたので、実力行使に訴えた。農民が自分たちの所有であると主張する放牧地に放牧した家畜をアシエンダが捕捉し、その返還をめぐり小競り合いが元でアシエンダの管理人が死亡した。チャルコの地方警察隊が出動し、農民三六名を逮捕し、不穏な動きを鎮静化したが、土地や水をめぐる根本的問題は解決されないままであった[24]。一八五〇年、アスンシオン・アシエンダは、かつて農民共同体と共有していた水をトマココのアルファルファ灌漑地用に強奪した。一八五一年にはアメカメカの集落は、有利な判決を勝ち取ろうと古い訴訟を再開し、一八五五年まで続けた。同じく一八五〇年、リバ・パラシオは堰を建設しチャルコ、テママトラを浸水させ、土地を占拠したので、農民たちは堰を破壊すると脅迫し、堰の上流に堤防を建設したが、最終的にアシエンダが灌漑地を耕作した[25]。

一八六五年、チャルコ北西に位置するチマルワカンの農民は、二人の地主が共有地の安寧を脅かしていると、マキシミリアン皇帝が創設した「困窮者保護委員会」に助けを求めた。ファン・フロレスという地主は共有地に帰属する土地を奪い、もう一人の地主フェリペ・ガルシアは村に水を供給する湧水地の土地を買い取り、村人の湧水地への接近を禁じた。委員会は、フロレスに対して村民に帰属する土地の返還を求め、ガルシアに対しては、共有地の伝統的水利権を尊重するように命じた[26]。一八六八年三月、トラルマナルコの長官、フランシスコ・バスケスは州知事のリバ・パラシオに無法な反乱者たちが土地を分配すると約束して、農民を煽っていると報告した。[27] このようにチャルコ地方では一八四九年以降、土地、水、牧草地をめぐるアシエンダと農民の紛争が絶えなかった。

第3節　フリオ・ロペスの反乱

メキシコの他地域の農民反乱同様、チャルコの反乱も一八五六年に公布された永代所有財産解体法（通称レルド法）の影響が大きい。[28] レルド法の主目的は教会不動産の接収であったが、同時に、植民地時代から維持されてきた先住民共同体を廃止し、共同体の成員に共有地を分割した私有地を分配する法律でもあった。その意図は死蔵された共有地を私有地化することによって土地の流動性を高め、資本主義経済を導入することである。農民は共同体の連帯基盤である共有地を解体されたことで、連帯意識が分断され、アセンダドとの土地や水・山野利用権をめぐる闘争が弱体化した。アセンダドはレルド法の公布でより早くより簡単により安く土地を獲得できるようになった。レルド法を公布した連邦政府には、アセンダドの土地寡占化を幇助する思惑があった。レルド法が農民共同体の解体を促進する法律であることは紛う方なき事実であるが、新国家建設直後から共有地の私有地化は試みられている。一八二〇年代、ハリスコ州、ミチョアカン州、プエブラ州など一二の州で共有地の分割が承認された。だが、独立後の政治的混乱や経済的停滞によって連邦・州の権力基盤は脆弱で法律を施行するだけの強制力はなかった。自由主義派も保守主義派もフランス軍も治安維持のためにアセンダドに特別献金や強制的貸付を要求した。自由主義政権が国内を曲がりなりにも統一して、初めてレルド法という強圧的法律を実施できたと言える。ベニト・ファアレスがマキシミリアン帝政を打倒し、政権を掌握した一八六七年までは権力の空白を利用して農民たちはある程度、共有地を維持できたのである。フリオ・ロペスの反乱はまさしくファアレスが権力者としてその地位を不動のものとした直後に起こった。

フリオ・ロペスの正確な生年はわかっていないが、一八四〇年ごろ、チャルコのイスタパルカ区のサンフランシスコ・アクアウトラで生まれたとされる。アクアウトラ、コアテペック、ソキアパンのアシエンダのペオン（アシエンダ内の農業労働者）として働いた後、自由主義陣営に志願し、大佐の称号を得る。一八六五年にチャルコに設立された「光と社会主義塾」に出席し、文字、祈祷、社会主義の組織学と理念を学び、この学校で学んだ知見と経験を生かして二つの反乱を指揮した。(29)

一八六七年末、フリオ・ロペスは連邦共和国大統領ベニト・ファアレスに対して以下の宣言（エル・モニトール・レプブリカノ紙の抜粋）を発表し、チャルコ農民の窮状を訴え、土地問題に政府の適切な介入を懇願した。

大統領閣下。……何人も他者に奉仕するために生れたのではないと言われています。……惰性的政党は犯罪的沈黙で悪魔的罪を許容しています。エゴイズム、卑劣さ、恥ずべき無知によって常に破廉恥な法を受け入れます。それ故、多くの民が貧しさに苦しみ、その中でも赤貧に打ちひしがれているのが、われらインディヘナであります。アセンダドに簒奪された祖先の土地所有権を主張いたします。……インディヘナの土地、水、山野の権利をご承認ください。それらを守るためなら、最後の血の一

図3　フリオ・ロペスの反乱地域（1868年）

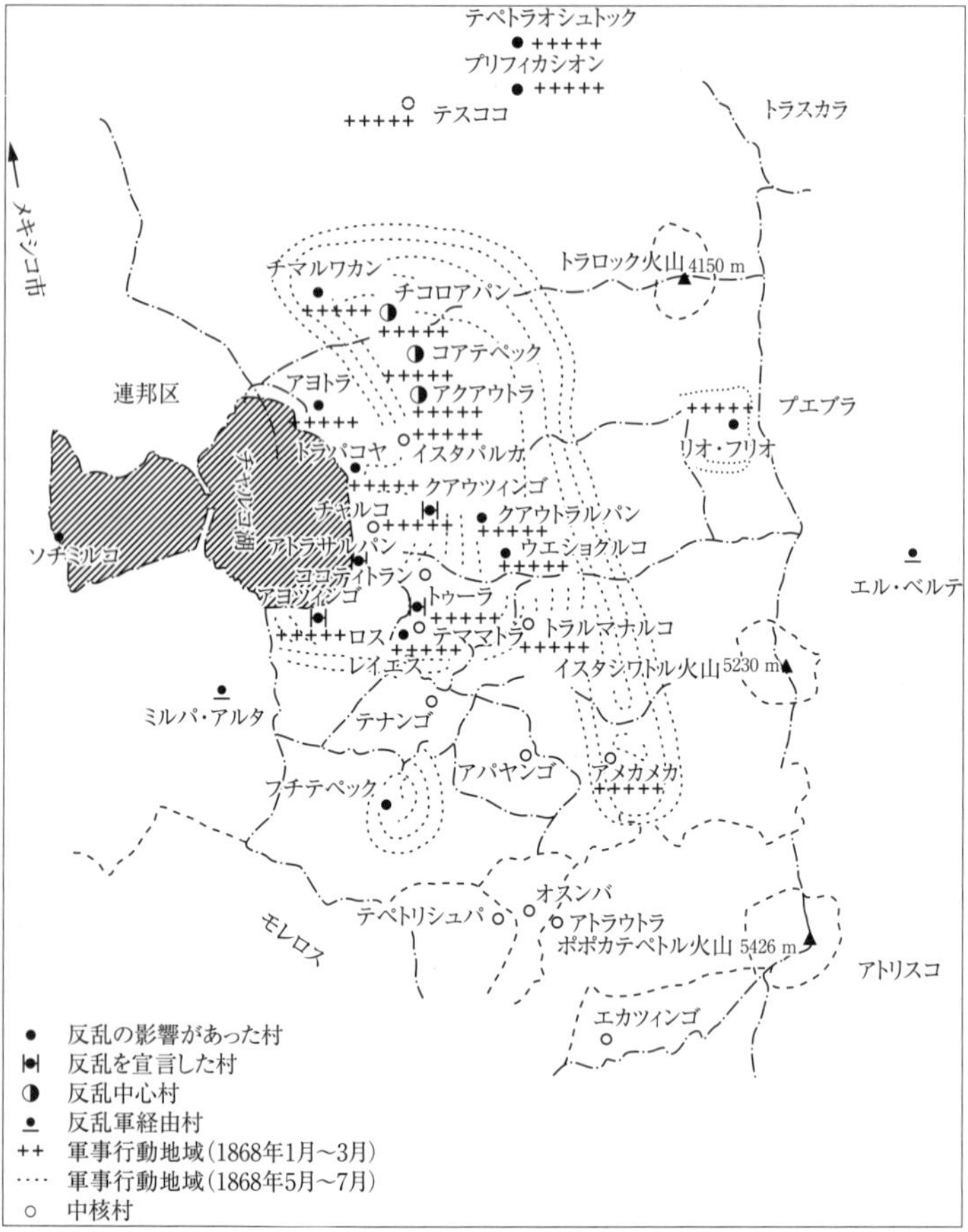

Anaya Pérez p. 123

滴まで流す覚悟であります。裁判所巡りにはほとほと疲れ果てました。幾多の犠牲を払い、何年も問題を提起してきましたが、アセンダドへの依怙贔屓や屁理屈は目に余るものでした。金と時間の無駄でした。貧しい住民を慈悲の目でご覧ください。アセンダドはわれらのもので楽しみ、富を蓄えましたが、それで満足しないばかりか、われらを貪り、破壊し、滅ぼそうとしています。アセンダドに奪われた土地が一刻も早く住民の手に戻るように適切な措置をお取りいただきたい。政府が早急に措置を取られない場合は、武力でわれらの土地を取り戻すために反乱するつもりです。……カスタ戦争のレッテルを張らないで頂きたい。われらの政府に戦争をしかけるつもりは毫もなく、われらは政府の忠実な支持者であり、将来もそうあり続けるものです。……憲法はわれらにすべての保証を明白に謳っています。憲法第一章第七条はいかなる件であれ文章を執筆し発表する自由は侵害できないと言い、また第八条は、平和的かつ丁重な手段で執筆された嘆願書の権利は侵害されないと言っています。

（独立、自由、祖国、民の声。一八六七年一二月三一日。[30]）

フアレスはこの宣言にどのように対応したかは史料が残されていないので、推量の域を出ないが、恐らく、苦々しい思いで読み捨てたのではないかと思われる。フアレスがロペスの調停要請を拒否したことから、[31]ロペスは反乱の準備を進め、仲間を募り始めた。ロペスの主な動きをメキシコ国防省所蔵の軍報告書概要[32]（一八六八年二月〜三月）から追ってみよう。

二月一八日　チャルコ長官：サン・マルティニト村で陰謀が発覚したので、五〇名の竜騎兵を要請した。
二月二三日　フリオ・ロペスによって認められた書状（攻撃すると脅迫する）が司令官ゴンサレスへ渡される。
三月　三日　ならず者たちを追跡するためにアブラハム・プラタ大佐にチャルコ地区への出動命令。
三月一四日　ロペスからプラタ大佐への書状：アセンダドへの武装蜂起であって、政府が相手ではない。
三月一八日　チャルコの長官がパラ軍の駐留を要請する。
三月一九日　チャルコの長官：ロペスが二五人の手下と（降伏のために）出頭し、手下たちは家に戻る。
三月二〇日　ロペスへ通行許可書の発行。
　　二一日　パラ軍、首都へ戻る。
（一八六八年の軍報告概要）

軍の記録を読む限り、これは反乱というよりむしろお上に対する抗議・強訴と言えるのではないか。軍が出動し、武器を携帯した農民集団と衝突したが、深刻な事態には陥っていない。しかし、政府が土地の返還を解決していない状況でロペスが武器を置き投降したことを、素直に政府への恭順と受け止めるかは意見の分かれるところである。ロペスは一か月後に大規模な反乱を企てるからである。反乱の賛同者が予想より少なく、また参加者から離脱者が出たことで計画が狂ったために、運動の立て直しと再編成を図るための時間稼ぎと考えることもできる。

　では次にチャルコの農民の動向について報道した首都の各紙の記事を見てみよう。エル・グロボ紙（一八六八年二月二七日）は、「少数の盗賊団の頭、フリオ・ロペスという某が、富裕者のアセンダドに対して土地を先住民に分配せよと要求し、チャルコ地区の数か所を徘徊している」と伝えている。エル・グロボ紙（一八六八年三月六日）は、「ロペスは先住民にアシエンダの土地の分配と富者に対する戦争を宣言したが、改革戦争時と外国干渉戦争時に共和国兵士として奉仕したロペスに率いられた革命的行動は、地域の役所が後ろ盾となったアセンダドの専横に起因する。メキシコ州の当局に彼らの大義を喚起したい。チャルコで起きていることは、単なる混乱と見なすべきではなく、住民を苦しめる悪を根絶する措置を取るべきである」と農民の反乱を支持する記事を掲載した。エル・モニトール・レプブリカノ紙（一八六八年三月一四日）は、「先住民たちの言い分に理はあるが、武装蜂起は秩序を乱し、カスタ戦争を国内に誘発する危険がある。チャルコで発生した危険な状況は、武力ではなく分別によって解決できないか」と先住民の反乱に一定の理解を示している。エル・シグロ・ディエシヌエベ紙（一八六八年四月二日）は、「反乱の首謀者フリオ・ロペスは一七日（ママ）午後三時半、連邦政府の慈悲を求めて、彼の部下たちとともに武器を置いた」と追い詰められた反乱者たちが、恩赦を求めて投降したと報道している。

　新聞各社は、一八六八年二月から三月にかけては反乱の原因を探り、農民たちの正当性を支持し、ある程度公平な記事を掲載している。ロペスが略奪と暴力を固く禁じていたことも彼に好意的記事を書いた理由であろう。

　しかし、軍報告書と新聞記事は、チャルコの反乱では重要な役割を果たすラファエル・クエジャル将軍のことには触れていない。クエジャルは連邦政府の要請を受け、二月中旬に五〇名の兵を率いてチャルコ地区に進駐し、反乱者たちを追撃している。ロペスは三月一二日、クエジャルと会談し、自説を主張したが、クエジャルは受け入れず、ロペス農民軍を追い詰めていった。チャルコの農民は反乱を支持しようとしたが、訓練を受けていなかったために、軍隊との対決に生命をかけようとはしなかった。そのためチャルコの反乱では大規模な動員は生まれなかった、とリバ・パラシオ文書を調査したトゥティノは分析している(33)。

しかし、四月の播種が終わると、ロペスは「メキシコ並びに世界のすべての被抑圧者と貧困者への宣言」を発表し、ファレス政府への全面的反乱を呼びかけた。

メキシコ市民よ！奴隷が人間として蜂起する日がきた。権力者によって踏みにじられてきた人間の権利を要求しよう。はらからよ、畑から邪魔者を排除し、われらに要求してきた者たちから清算するときがきた。彼らの権利だけを欲してきた者たちに義務を課す日である。血を賭した闘いに出向こう。血を流すことなど何でもない。流す血はわれらの大地の糧となり植物が豊かに実るであろう。疲労、貧困、無知、暴政によって何年も何世紀も苦難の道を歩んできたことか。われらの額の汗、目の涙、腕の疲労、足の疲労、心の苦悩は誰のための利益なのか？　収穫物をすべて強奪されることを考えたことがあるのか？　われらの肉体的、精神的、知的弱点を利用したのは、アセンダドである。強奪されたのはプロレタリアートやペオンである。アセンダドはわれらペオンに大きな越権行為を行った。われらが人生を享受できないように搾取する制度を定めた。われらの両親は一日一レアルの労賃でアシエンダに買われた。一レアルでは生きていけない。アシエンダの市場では、われらの手で生み出した品物を過剰な値段でわれらに売りつける。年々、借金は膨らむばかりである。この世に生れ出た瞬間にすでにわれらは祖先の借金を負っている。奴隷のごとく、同じ場所で同じシステムの下、働かされる。……教会は偽善的使命で精神的救済という嘘を紡ぐ。われらは悍ましい状況を救済してほしいがために、あらゆる聖人に祈りを捧げる。だが、すべては無駄である。彼らによれば、われらは嘆きの谷で苦しみ、あの世で諦めを付与されることを待たなければならない。奇妙なことは、われらに諦めを説く者たちが、苦しい存在に最も甘んじようとしないことである。巨大な所有物を獲得し、われらの額の汗から豪勢に食した。教会ではなく宗教の支配を！司祭の支配など願い下げだ。司祭たちはトウモロコシの割を果たした。司祭たちは偉大なキリストの教えを冒涜し、われらを騙し、ユダの役一粒一粒をわれらの罪を赦す代償として持ち去った。そしてアシエンダと結託しわれらを窮乏に追い込んだ。司祭が悪なら、支配する者はすべて悪である。……ファアレスは共和国主義者であり、教会の敵であると言われているが、保守主義者で専制者である。すべての政府は悪である。であるから、われらは今あらゆる政体に対して反乱する。平和と秩序を望む。われらは土地を請い、ファアレスはわれらを裏切った。耕す一片の土地も持てないのか？……アセンダドは帝国の庇護下にあったので、共和国の勝利は民の本当の勝利だと思った。だが、これらのアセンダドは共和国の庇護のもとに入った。……われらは社会主義を望む。これは社会的共存の最も完璧な形態である。自由、平等、博愛の揺るぎない三理念を包含する真実と正義の哲学である。貧しい者を非難し、一方で富と幸福を享受する者がいる搾取の悪習を徹底的に破壊したい。搾取システムを廃止して、平和的に土地に播種し、平穏に収穫したい。年貢を払うこともなく、最も心地よい場所に播種するために、あらゆる人に自由を与えたい。最も適切だと信じられる集合形態の自由を与えられ、命令したり罰したりする者たちが必要ではない、共通の防衛のために監視される大小の農業共同体を形成する。われらは専制的あらゆる政体を廃止し、博愛と互助の社会に生き、調和に満ちた普遍的共和国を確立する。……追跡され蜂の巣にされるかも知れないが何ほどのことか。われらの胸には希望が脈打つ。政府と搾取の廃止を！社会主義、万歳！自由万歳！チャルコ、一八六九年四月二〇日(34)

一八六七年末のファアレスに向けた宣言文と内容も語調も全く異なる。前者が大統領に農民の窮状を訴え、行政の介入を仰いでいるのに対して、今回の宣言は、アセンダドと教会を非難するばかりか、ファアレスを裏切り者と糾弾している。激怒した社会主義者が武器を取り、土地を奪取したのである。特筆すべきは、あらゆる政体を否定し社会主義を支持している点である。フリオ・ロペスの反乱にフーリエの社会主義とプルードンやバクーニンの無政府主義の思想が影響を与えている、と論じられてきたのは、正にこの「メキシコ並びに世界のすべての被抑圧者と貧困者への声明」の存在による。

では、宣言表明後のロペスの動きを軍報告書と新聞記事から追ってみよう。

軍報告書：

四月二二日　ラファエル・クエジャル将軍：ゴメス大佐が一〇〇名の騎兵と出兵。

　二九日　チャルコ長官：州政府に五〇名の兵士の支払いを要請。ロペス、再び反乱。

六月　二日　ホセ・マリア・バルガス大佐へ命令：ロペス盗賊団を追跡すべし。

六月　九日　プエブラ州知事：ロペスがテスメルカンに侵入。
一一日　カンフナー将軍、ロペス軍にリオ・フリオで敗北。クエジャル、ロペスの敗北を報告。
一二日　プエブラ州知事：クエジャルがロペスを破る。ウエショツィンコで逃亡者の逃げ道を塞ぐ。
一一日　クエジャル：ロペスをアソルコ・アシエンダで攻撃し、三名が死亡。
一二日　プエブラ州知事：サン・サルバドルから四レグア地点のロペス軍は一〇〇名。
一三日　クエジャル：盗賊に対する作戦を報告。
一八日　クエジャル：捕虜の移送。
二〇日　クエジャル：プエブラ州知事へ、ユカタンへ戦争捕虜の移送を要請。
：アシエンダへ、捕虜移送費用の支払いを命じる。（ベラクルスの）広場に着き次第ユカタンへ乗船させるべし。
二四日　エギルス将軍の軍隊はチャルコを平定し、トラルパンへ戻る。
既婚者の捕虜は解放するが、再犯した場合は厳罰に処す。
二五日　クエジャルへの命令：メキシコ州知事が引き渡す一二名の捕虜を受け取り、ユカタンへ移送すべし。
二七日　捕虜は第五師団に徴兵。
二八日　捕虜の一四名がユカタンへの移送を拒む。
七月　七日　ロペスをサン・ニコラス・デル・モンテで捕縛。

八日　アントニオ・フロレス大佐、ロペスの捕縛を報告。回答：法令に則り、処刑すべし。
九日　決議：ロペスの身元確認と処刑執行を確認。
一三日　フランシスコ・エレリアス、ティブルシオ・リベラ、フリオ・カスタニェダと他四人を捕縛。
回答：エレリアスとカスタニェダは裁判のために首都の司令部に送るべし。
一八日　チャルコ長官：首都監獄に収監された二名の捕虜の扱いについて。決議：クエジャルに送り、ユカタンに送る捕虜たちに合流させよ。
二二日　アデライド・アルナスの捕縛。回答：処刑。
八月　三日　フアン・アカティトラとラモン・アルコスを放免。
九月　三日　プエブラ州知事：明日、囚人はユカタンへ移送。
三〇日　プエブラ州知事、ユカタンへ行く囚人のベラクルスへの到着を連絡。
一〇月　二日　ベラクルス州知事：囚人のユカタンへの乗船連絡。
（一八六八年の軍報告書概要[35]）

軍報告書には、連邦軍を率いるクエジャル将軍がロペス軍を徐々に追い詰めていく過程が記録されている。ロペスは七月七日に捕虜となり、九日、国防大臣イグナシオ・メヒアの命令で処刑されている。トゥティノによれば、フアレスはロペスの処刑を承認し、捕虜の軍隊への徴兵とユカタンへの追放に対して恩赦を求める要望があったが、それらの要望を拒否した[36]。連邦軍は捕虜を兵員補充のために強制的に入隊させ、また、ユカタンへ強制移送している。軍報告書には記載されていないが、これらの捕虜はユカタンのアシエンダに奴隷として売られたのである。当時、反乱した農民を捕虜とし、労働力が不足するアシエンダに人身売買することは習慣化していた。そのため、反乱に無関係な農民まで捕らえられ、売買される深刻な事態も発生していた。軍人にとって農民反乱は金になる捕虜を獲得する絶好の機会でもあった。軍報告書にはロペスの「宣言」に表明された社会主義という言葉は見当たらない。軍としては、社会主義者とか共産主義者といった思想犯ではなく、政府に楯突く盗賊団として反乱者を討伐した、という見解であろう。では、新聞各紙はロペスの再反乱に関してどのように伝えたのであろうか。

エル・グロボ紙（六月一日）は「ロペスは約六〇名の手下を率い[37]、いくつかのアシエンダを襲い、武器と馬を奪った」と報道し、エル・シグロ・ディエシヌエベ紙（六月二日）も「ロペスの盗賊団が再び現れ、ブエナビスタ・アシエンダを襲い、すべての馬を略奪した」とロペスの略奪行為に言及し、今回の反乱が前回より過激化していることが紙面より窺える。ラ・レビスタ・ウニベルサル紙（六月四日）は、「ロペスはアシエンダの土地を農民に分配した」とロペスがアシエンダから奪った土地を反乱参加者に分配したことを報じている。ラ・オピニオン・ナショナル紙（六月一六日）は、「反乱はカスタ戦争や共産主義に陥っている」、エル・モニトール・レプブリカノ（六月一七日）は、「トゥニョン・カニェドがこれら先住民の共産主義者たちを鎮圧するために首都から出兵した」、エル・シグロ・ディエシヌエベ紙（六月二〇日）は、「共産主義者のリーダーの力は衰え、今では六〜八人の手下と山へ逃亡した。州知事のマルティネス・デラ・コンチャがチャルコに兵を率いて入り、政府軍との連携で輝かしい結果を出し、平和と秩序が回復した」と共産主義や共産主義者という言葉が紙面に踊っている。新聞はロペスの反乱の意図がアシエンダから奪回した土地の分配という共産主義的運動であることをある程度認識していたことになる。農民たちは共産主義について理解している者はほとんどいなかったが、支配者階級からみれば、秩序と所有権を脅かす状況を表現するには適切な言葉であった。

エル・グロボ紙（六月二七日）：「収穫期にクエジャルとフロレスの兵が徘徊し、農民は仕事ができない。アセンダドはこの機を逃さず、裁判中の土地の権利を申し立て、お祝い気分だ。人々は罪を犯したこともなく、反乱に加担してもいないのに、憲法で守られた自由を奪われ兵役に駆り出された」、エル・モニトール・レプブリカノ紙（六月二二日）：「チマルワカンではわれらを反乱軍の一味と見なした」、ラ・レビスタ・ウニベルサル紙（六月二九日）：「憲法は遵守されず、種と馬が奪われ、徴兵された」、エル・グロボ紙（七月一一日）：「テスココ長官フロレスの職権乱用がファアレスに報告され、ファアレスは調査を命じた」と、各紙は反乱のどさくさに紛れて、軍が職権を乱用し、またアセンダドが不法な土地占拠を行っていることを告発している。

一八六八年二月～三月の記事には用いられなかった共産主義やカスタ戦争という用語が使用され、ロペスの「新宣言」に目を通した記者たちが、反乱を単なる農民の突発的土地回復運動ではなく、社会主義的・共産主義的思想が反映されたものと見なした。しかし、記事は一方的に農民反乱を非難するのではなく、反乱を利用して農民を徴兵し、また捕虜を売買する軍隊の横暴ぶりとアセンダドの不法行為も書き記している。以上、ロペスが起こした二回の反乱の概要である。

第4節　社会主義と無政府主義の影響

一八六八年のチャルコの農民反乱が他の農民反乱と異なる点は、指導者のフリオ・ロペスがフランスの思想家シャルル・フーリエ（一七七二―一八三七）とピエール・プルードン（一八〇九―一八六五）、さらにロシアのアナーキスト、ミハイル・バクーニン（一八一四―一八七六）の影響を受けていたとされるからである。メキシコにフーリエとプルードンの思想を初めて紹介したのは、メルチョル・オカンポである。自由主義者のオカンポはニューオーリンズに亡命中、フランスの思想家の書物を紐解き、サンタ・アナ独裁政権打倒の糸口にしようとした[38]。そして、プルードンの「貧困の哲学」第八章をスペイン語に翻訳した[39]。だが、実質的にメキシコに社会主義思想と無政府主義思想を導入したのは、ギリシャ人、プロティノ・ロダカナティである。ロダカナティは一八二八年、アテネに生まれた。医者であった父の影響を受け、ウイーンで医学を学び、その後ベルリンでヘーゲル哲学に心酔する。一八四八年のハンガリー動乱に参加した記録も残っている。一八五七年、パリでプルードンに出会っているが、その後メキシコに渡るまでの期間、彼の足跡は判然としない[40]。ロダカナティは、メキシコ大統領コモンフォルトが公布した移民促進法に触発されて[41]、一八六一年二月、メキシコにやってきた。だが、その当時にはすでにそのプロジェクトは忘却されていた。ロダカナティは同年（一八六一年）、早速シャルル・フーリエ主義の基本教材、『社会主義読本』を発行した。一八六三年には実践の場として「ファランステール校」を設立した。この学び舎にはその後のメキシコの社会主義と労働運動を担うことになるフランシスコ・サラコスタ、エルメンヘヒルド・ビジャビセンシオ、フアン・ビジャレアル、サンティアゴ・ビジャヌエバが参集した。一八六五年六月、サラコスタとビジャヌエバが関係した紡績・織物労働組合が、ストライキを実施したが、帝国当局によって直ちに鎮圧された。一方ロダカナティは、一八六五年一月、農業法に基づき封建主義を打破し、所有の再組織化を図ることで国家との経済契約の解決を目指し、社会主義を導入するためにチャルコに農業コロニーの建設を開始した。[42] このコロニーにサラコスタやビジャヌエバが合流した。ロダカナティが来墨した理由がメキシコ政府の推進した農業コロニーへの入植であったことを考えれば、[43] 彼の農村への移住は自然な成り行きであった。コロニー建設は実現できなかったが、読み書き、祈祷、社会主義を教える「光と社会主義塾」を建設した。そこにペオンのフリオ・ロペスが参加したのである。ロペスは少数の過激なインテリグループに感化され、農民の権利を強く意識するようになった。だが、革命的暴力を否定し、目的達成には説得を採用するロダカナティは、過激化する弟子や農民に違和感を覚えチャルコを去るが、彼の後を継いだのが、フランシスコ・サラコスタである。その後、ロダカナティは首都に戻り、一八七一年三月にフーリエ主義者たちの活動の拠点となる「ラ・ソシアル」というクラブをメキシコ市に創立し、「職人組合」や「繊維組合」の結成に貢献した。「ラ・ソシアル」では一八七二年から一八七三年にかけて「共和国」を執筆した。[44] 一八七九年一一月にはモルモン教に改宗したが、ロダカナティが信者を社会主義のプロジェクトに参加させようとしたために両者の関係は悪化し、ロダカナティはモルモン教から離脱した。[45] 一八八六年（五八歳）にヨーロッパへ戻ったが、モルモン教徒の口承記録によれば、一八九〇年代にメキシコに戻ったと言われる。[46]

ロダカナティの思想を理解するには、著書の『社会主義読本』（以下、『読本』と省略する）を読み解くのが早道であろう。『読本』は全九課から構成され、問答形式で書かれている。序文は「一八世紀前、イエスの教えを説いた一二使徒の雄弁で高貴な声を聞くと、人類は感動するが、その教義は社会主義である」と始まり、「この小冊子は、メキシコの労働者と農民階級に社会主義に依拠する真の科学原理を理解してもらうため執筆された」と続き、「メキシコ国民がいつの日か金権政治の恐ろしいくびきから共同体を介して解放されることを希求する」と結ばれている。(47) 第一課のテーマは社会問題で、個人と民衆による普遍的共同体の実現を主張し、第二課では、人間は生来悪ではなく、社会制度の不備によって悪に染まるという見解を展開する。第三課では、かつて人類史において一度も実現されたことのない社会主義に依拠する社会を建設し、それは村、町、国家、全大陸を包含する地球上の全民族に受け入れられるべきであると説き、第四課では、社会主義学派はどのような政府の権威や意見にも依存せず、それどころかあらゆる政府や政党を超越する権威に賛同すると力説し、第五課では、秩序と自由の条件に関して教義を押し付けず、実践的、地域的試みを推奨する。第六課では、法と社会改革に触れ、倫理的、物理的に自由への抑圧的強制を人間に押しつける法は、秩序を維持する目的としては、存在理由が失われると説く。第七課では、フーリエは、悪の根絶、善の規則的生産、秩序の絶対的保障の問題を解決するために、自由について思索し社会的関係の連帯を決定する作業に従事し、自由と人間の感情は常に秩序の維持に関係する、と述べる。第八課では、秩序と自由の絶対的関係と結合について語り、最も不完全な虚偽的社会形態は、秩序と自由の間に最大の非互換性を作り上げることであり、最も正当で完璧な社会形態は、秩序と自由の間に最大の互換性を確立することであると断言する。第九課では、フーリエと彼の弟子たちは、人間関係を連携させるために新しいメカニズムを社会に提案するとき、われらは新機械を発明する技師のポストを占めるのか、という問いに対して、われらは社会的技師であり、彼らは独自の新しいメカニズムを現代人に示したと答え、秩序と自由の新しい規定は、いつかあらゆる不完全で矛盾した規律上の法を取り換えるだろう、と予言した。そして社会的悪のメカニズムを暴力的に破壊する要求は控えると明言している。(48)

『読本』に一貫して流れる思想は、社会主義によって生み出される自由と秩序が調和的関係を保つ理想的共同体（ファランジュ）の創出である。ロダカナティは平和と秩序の構築を願い、土地の自由な開発と農業社会創設に賛同した。そして人間搾取に反対し、調和的な普遍的共和国の再建設を推進した。ロダカナティは断固たる社会主義建設者であり、宗教は尊重するが教会と司祭は農民の敵であると考えていた。そのためにはあらゆる政府や政党を超越し、フーリエが提唱する正当で完全な社会形態を実現させる必要性が不可避と唱える。直接的にメキシコ政府を打倒すべき、という過激な表現はないが、序文で言及しているように「金権政治の恐ろしいくびきからの解放」は、メキシコ政府に対する厳しい批判である。ロダカナティは政府の打倒よりもファランジュの創設を重視した。ファランジュが創設され社会制度が改善されれば、生来善なる人間は悪から脱却できると考えた。バラデスが指摘しているように、ロダカナティの目標は大衆の反乱ではなく、フーリエの社会主義に啓発された、選別された社会集団の組織化にあった。(49)暴力的破壊に懐疑的であったことを勘考すると、無政府主義者というよりフーリエ主義的社会主義者である。

ではロダカナティのフーリエ主義は、ロペスにどのような影響を与えたのであろうか。その影響は、第3節で引用した六八年四月二〇日の「メキシコ並びに世界のあらゆる被抑圧者と貧困者への宣言」（以下「貧困者への宣言」と省略する）に明白に表れている。「われらは社会主義を望む。これは社会的共存の最も完璧な形態である。自由、平等、博愛の揺るぎない三理念を包含する真実と正義の哲学である」や「われらは専制的あらゆる政体を廃止し、博愛と互助の社会に生き、調和に満ちた普遍的共和国を確立する」という表現は、『読本』の言葉そのものであり、搾取された貧しいペオンであるロペスが農民の権利を尊重する社会主義に強く共感し、普遍的共和国建設を望んでいたことがわかる。だが、「血を賭した闘いに出向こう」や「追跡され蜂の巣にされるかも知れないが何ほどのことか」のような政府転覆を目論む過激で戦闘的表現は、「読本」にはない。とすれば、このような過激な言い回しは誰の影響であろうか。ラ・ソシアルでは、ロダカナティは理論派だが、サラコスタは行動派であり、無政府主義者として革命のために暴力も容認していた[50]。また、サラコスタはメキシコにおける「インターナショナル」の創設に関わり、書記を務めていたことを考えれば[51]、ロダカナティとチャルコに赴き、「光と社会主義塾」を率先的に運営したサラコスタの影響が大きいと思われる。サラコスタはロダカナティからフーリエ主義だけではなく、プルードンやバクーニンの無政府主義の教えも受けていた。ガルシア・カントゥもロダカナティは、彼の弟子のサラコスタのような激しい行動派の無政府主義者ではなく、キリスト教的社会主義者と見なしている[52]。フーリエとプルードンは、自由な個人の連帯と協同に基づく交換を基本とした秩序を想定したが、両者の思想は国家の存在、教会の意義、所有の概念について根本的違いがあった。フーリエは新キリスト教的社会主義を信奉し、社会本位の所有を認め、目的達成には革命的暴力を否定し説得を採用するが、プルードンは宗教における神、政治における国家、経済における所有を拒否すべき、と主張する無神論者且つ無政府主義者であり、また土地の不平等な占有権に基づく所有否定論者である[53]。

プルードンから思想的影響を受けたバクーニンは、ブルジョア文明と国家の破壊のなかから新しい世界が誕生するという過激なアナーキズムを提唱した[54]。ロダカナティとサラコスタは師弟関係にあったが、両者間には思想的乖離があった。ロダカナティはフーリエを信奉し、サラコスタはプルードンとバクーニンの思想に傾倒した。この二人の齟齬こそ、ロダカナティがチャルコを去った原因ではないのか。そして「光と社会主義塾」の運営を任されたサラコスタの影響を受け、反乱に向かうのがロペスである。そう考えれば、「貧困者への宣言」における過激な表現や痛烈な教会批判も理解できるのである。サラコスタはロペスの反乱が鎮圧された後も、メキシコ各地を訪ね、地元の農民リーダーと関係を築くとともに、「コミューン中央委員会」の創設に関わった。一八七九年、無政府主義を標榜し社会主義政府の樹立と農民議会の創設を掲げる「バランカ計画」の起草に参加した[55]。このようにメキシコにおける無政府主義の中心的存在は、サラコスタと言えるのである。

ロペスはロダカナティ一派がチャルコに移動した一八六五年からおよそ二年間、社会主義思想を学び、一八六七年末に最初の「宣言」を発表した。そして最初の「宣言」とはかけ離れた過激な「貧困者への宣言」が投降後わずか二か月で発表されたのは、穏健派のロダカナティがチャルコを去り、無政府主義者のサラコスタが「光と社会主義塾」の指導者となったからであろう。サラコスタの関与に関しては残された史料が限られているので、サラコスタのロペスへの影響の程度については実証できないが、ロペスの二か月間での急激な変貌には、ロダカナティの去就が大きく関連していると推測する。さらに二か月という短期間で体系的国家・社会批判が記された「貧困者への宣言」がロペスに執筆できる可能性は低い。恐らくロペスが大まかなアイデアを盛り込んだ素案を練り上げ、サラコスタと他のロダカナティの弟子たちがその素案を添削し最終的に「貧困者への宣言」を仕上げたのであろう。あるいは「貧困者への宣言」を執筆したのは、サラコスタたち都市のインテリで、彼らに感化されたロペスは単に「宣言」を公表しただけかも知れない。フーリエとプルードン・バクーニンの思想がロダカナティとサラコスタを介して昇華された「貧困者への宣言」に提示され、あらゆる政府を抑圧者であると非難し、またあらゆる政体への反対が表明された。

チャルコが農業コロニーの実践地として、また「光と社会主義塾」の建設地として選ばれた理由は判然としないが、ロダカナティの活動拠点はメキシコ市だったので、市の近郊という地理的要因、もうひとつは、フーリエのファランジュ適地論に従ったのであろう。フーリエは、理想的にはファランジュは一平方里の敷地をもつ小高い丘が望ましく、そこは水が豊富で、土壌や気候は広範な種類の作物を栽培するのに適していたほうがよいと考えていた[56]。ロダカナティにとって、チャルコこそフーリエが提示した理想郷建設に適合した土地であった、と考えられる。ロダカナティは一八七六年の「ラ・ソシアル再結成」における演説で、地域銀行を創設して土地分配の円滑化を図り、先住民の生活を改善する農業法の制定を強く望んでいた[57]。また人間は自然状態の原始の源を忘れ、摂理の使命から外れ、家族を結びつける平等を認識せず、人類の大家族の連帯の絆を破壊し、原始的平等を忘れ、不公平な分配の所有という愚かな理論に変えた[58]、と原始的共産社会こそ人類のあるべき姿だと強調している。この思想は、先住民中心の秩序が保たれた集団的農業コロニーである〝偉大なテノチティトラン（アステカ族の都）を新エルサレムに変える〟という表現にも表れている[59]。一八七八年一月一日の新年の祝宴でロダカナティは、社会主義の導入は、愚かで無能な政府や利己的階級の存在や社会の抑圧にもかかわらず、メキシコの運命を変えると演説した。[60] ロダカナティは、集団は社会関係の基礎的形態であり、完全に自由な結合から構成される調和的集団こそ健全な社会であると言う、フーリエの教えを実践しようとした。

結び

チャルコは古来より豊かな水資源、豊饒な土地、交通の要路という恵まれた環境にあった。その豊かさゆえに外来者を引き付け、地元民は紛争に巻き込まれた。先スペイン期から居住する先住民農民は、スペイン人植民者と植民地期には対立し、独立以降はアセンダドとの土地・水・牧草地の所有を巡って熾烈な闘いを強いられた。植民地時代より新国家建設以降に農民反乱が急増した原因のひとつは農民、アセンダド、政府の三者間の均衡が崩れたからである。植民地時代の農民とアセンダドの土地紛争には、政府や裁判所が介入し、調停者としての役割を果たしていたが、独立以降はアセンダドの利益を政府が代弁し、調停者の役割を捨て、農民を抑圧する側に回った。公的アクターが、私的アクターであるアセンダドと共同的アクターの農民間の土地紛争を解決するための努力を怠った、あるいは放棄したために、農民セクターは武装蜂起という暴力的手段に訴えざるを得なかったのである。新生メキシコ国家は、建国当初から農民共同体を解体し土地の流動化を図ろうとしたが、為政者たちの権力闘争が国家を弱体化し、自由主義的土地分配を実現できなかった。だが、フアレスが改革戦争に勝利を収め、その後干渉してきたマキシミリアン帝政を打倒し、実質的に国家を統一すると、自由主義的改革が断行され、農民共同体の私有地化がレルド法によって実施された。レルド法に異議を唱える農民反乱がメキシコ各地で勃発し、チャルコも例外ではなかった。その反乱を率いたのがフリオ・ロペスである。農民反乱の指導者は概して地方のカウディージョ（家父長的軍事指導者）や軍人や自由主義者が多いが、ロペスはメキシコの身分社会では最下層に属するペオンである。そのような貧しい農民であったが、ロダカナティと彼の弟子たちの影響を受け、フアレス政権に対して無謀ともいえる武装蜂起をした。チャルコの反乱はロペスの処刑で幕を閉じたが、ディアス政権でも他地域では農民反乱が続き、やがてそれは二〇世紀初頭のメキシコ革命へとつながる。ロペスに思想的影響を与えたロダカナティは無政府主義者というよりキリスト教的社会主義者である。ロダカナティはヨーロッパでフーリエ、プルードン、バクーニンの思想を学んだが、彼の著作や言動から判断すると、政府の転覆を画策する無政府主義者ではなく、フーリエが考案したファランジュの建設を目指す社会主義的共同体主義者である。ロダカナティのロペスへの思想的影響力は計り知れないが、ロペスに革命的反乱の考え方を伝授したのはサラコスタであろう。サラコスタは彼の言動からフーリエ的共同体主義者というよりむしろ、プルードンとバクーニンを信奉する無政府主義的行動派であった。筆者は、サラコスタに感化されたフリオ・ロペスが二回目の反乱を起こしたと推測する。

（1）ガルシア・カントゥは正式名を「フリオ・ロペス・チャベス」としているが、本書では呼称化された「フリオ・ロペス」を用いる。

（2）Tortolero Villaseñor, p. 23. ロペスは社会主義者でも無政府主義者でもなく、烏合の衆であった農民兵たちを騎馬の武装集団に一新した農民リーダーであり、農民の土地、水、牧草の権利回復を要求した。ロペスは、村の土地を強奪しようとするアセンダドの攻撃を抑制するために、当局と折衝できる農民運動を組織化した例外的に辣腕の農民であった。

（3）メキシコで初めて自由の真の勝利のために政府の廃止が叫ばれた。Valadés, 1924.

（4）Tutino（1988）, p. 139. トゥティノはリバ・パラシオ文書館の史料の調査に依拠して、バラデスが一八六九年としたロペスの反乱を一八六八年に訂正した。だが、トゥティノはロペスの署名入り文書「メキシコ並びに世界のすべての被抑圧者と貧困者への宣言」の存在には言及していない。

（5）Palerm, p. 192-193. アステカ族が埋め立て手段として採用したチナンパ（水上農園）はチャルコ地方に由来する。

（6）Jalpa, p. 23.

（7）García Icazbalceta, p. 184.

（8）Actas de cabildo, lib. 6, p. 499, lib. 7, p. 144.

（9）Jalpa, p. 32.

（10）Bora, p. 15, p. 17. バルドビノスはメキシコ盆地の先住民の人口変動を以下のように算定した。征服直後の一五〇万人は一五七〇年には三二万五〇〇〇人に減少し、一七世紀半ばには七万人にまで激減した。一七四二年に一二万人に回復し、一八〇〇年には二七万五〇〇〇人に上昇した。Valdovinos（1993）, p. 269.

（11）Tutino（1988）, p. 99.

（12）Artís Espriu, pp. 203-205. 残り三村の人種構成については不明。

（13）Rodríguez, p. 81, pp. 123-125.

（14）Semo, p. 23.

（15）Valdovinos（1990）, p. 59.

（16）Ibid., p. 62.

（17）知事が軍隊の派遣を躊躇したのは、政府が米墨戦争への軍隊派遣を優先していたからである。Arizcorreta, 1849.

（18）Anaya Perez, p. 71. 一八三三年、チャルコでコレラが流行したが、疫病による人口減は農民にエリートとの交渉力を高めた。月曜日に働かないペオンに賃金を払うのは不当だが、そうでもしないと人手が集まらなかった。

(19) Tutino (1993), p. 373. 一七九四年三万五六三四人、一八〇〇年三万八八〇四人、一八七〇年四万七一八四人、一八七七年五万四九四〇人、一八九〇年六万四一一三人、一九〇〇年七万一九二人。一八〇〇年から一八七〇年の七〇年間に二〇%しか人口は増えていない。
(20) Tutino (1988), pp. 106–107.
(21) Ibid., p. 122.
(22) Reina, pp. 157–170.
(23) Falcón, p. 1011.
(24) Anaya Pérez, p. 100.
(25) Tutino (1988), p. 113.
(26) Powell, pp. 116–117.
(27) Ibid., p. 144.
(28) 山崎、pp. 110–115.
(29) Anaya Pérez, pp. 98–99.
(30) Valdovinos (1990), pp. 125–127.
(31) Falcón, p. 1036.
(32) Reina, pp. 66–67.
(33) Tutino (1988), p. 124.
(34) García Cantú, pp. 58–61. ロペスが銃殺されたのは一八六八年七月九日であることは史料によって明白なので、文書の日付、一八六九年四月二〇日は一八六八年四月二〇日に訂正されている。Valdovinos (1990), p. 136, Anaya Pérez, p. 116.
(35) Reina, pp. 67–71, ADN, Exp. XI / 481.4 / 9750
(36) Tutino (1988), p. 134.
(37) バラデスはロペス軍を一〇〇〇人 (Valadés, 1924)、ディアス・ラミレスは一五〇〇人としているが (Díaz Ram-

íres, pp. 69–70)、ロペスの中核部隊は最大でも一〇〇名ほどであろう。

(38) Faure, p. 201.

(39) García Cantú, p. 146.

(40) Valadés (1970), p. 11.

(41) Valdovinos (1993), p. 285.「植民者用に一〇〇区画に分割した一万一〇〇〇エーカーをメキシコ人あるいは外国人に付与し、後者には一連の免税を与え、区画を申請時にメキシコ人と見なす（一八五六年七月一一日）」

(42) Hart (1978), p. 32. ロダカナティがいつチャルコに移ったのか研究者によって時期が異なる。ハートは一八六五年一月、アナヤ・ペレスは一八六八年三月（Anaya Pérez, p. 117）としているが、一八六八年では、ロペスは「光と社会主義塾」で学ぶ時間はほとんどなかったことになる。ロダカナティが一八六五年初めに移り、労働運動で挫折したサラコスタらの弟子たちが一八六五年一一月に合流したと考えるのが合理的であろう。また、ロダカナティは一八六五年にサラコスタ宛の書簡で雄弁に演説する青年フリオ・チャベス（ロペス）について触れている（Hart, 1974, p. 55）。

(43) Pani, p. 159.

(44) Illades, pp. 76–79.

(45) Ibid., p. 100.

(46) Ibid., p. 129.

(47) Rhodakanaty, pp. 9–11.

(48) Ibid., pp. 15–58.

(49) Valadés (1970), p. 35.

(50) Illades, p. 88.

(51) García Cantú, p. 423.

(52) Ibid., p. 176.

(53) 佐藤、p. 11.「アナルシー、主人、最高権者がいないこと、こうしたことこそ、日々われわれが近づいて行っている政体のかたちなのだ」。p. 251.「宗教における神、政治における国家、経済における所有、これこそ人類が、それによって自分自身にたいして他人になり、たえず、自らの手で自己を引きさき続けてきた三つの形態なのである。このようなことは、今日では拒否されねばならない」。

(54) バクーニン、p. 27.「いま一つは、労働者は、憎むべき、多年の羈絆を、最終的に振りおとし、ブルジョア的搾取と、これにもとづくブルジョア文明を根本から破壊するかということである。このことは、社会革命の勝利、国家と呼ばれるものすべての破壊を意味する」。p. 36.「広範で熱情的な破壊、有益で成果のある破壊がなければ、革命はありえないからであり、ほかならぬこの破壊のなかから、また破壊を手段として、新しい世界が誕生し、発生するからである」。

(55) Illades, p. 88, pp. 112-113.

(56) ビーチャー、p. 214.

(57) Rhodakanaty, p. 65.

(58) Ibid., p. 60.

(59) Illades, p. 96.

(60) Rhodakanaty, p. 76.

第3章

アリカの虎、マヌエル・ロサダの反乱

ロサダの銅像（撮影：著者）
2006年にロサダの出身地、サン・ルイス村に建てられた。往時をわずかに偲ばせるのは、村はずれに残された2,000人の兵を収用したと言われる司令部跡だけである。

初めに

一九世紀中葉、メキシコの中西部に位置するハリスコ州で大規模な農民反乱が続発した。その反乱の指導者はマヌエル・ロサダというインディオの血を引く農民である。ロサダは、州都のグアダラハラから北西へ二〇〇キロ離れたテピック（現在のナヤリ州）の東部山岳地帯、アリカを活動拠点にして、州政府軍を翻弄した。

ロサダに関しては盗賊、無法者、殺人者といった悪のイメージが長く纏わりつき、ハリスコ州の支配階級の間での評判は芳しくなかった。「虎」というあだ名は、彼の抵抗に手を焼いた自由主義を標榜する政治家や企業家の意を受けて、ジャーナリストがロサダの残忍性を表象しようと命名したものである。(1)しかし、フランス軍と保守主義者のロサダ観はまったく異なる。ナポレオン三世は、メキシコ支配のために送り込んだオーストリア・ハプスブルグ家のマキシミリアン大公への貢献を評価し、この農民にレジオンドヌールを授与している。自由主義者のファアレスやセバスティアン・レルドの政敵であったポルフィリオ・ディアスは将軍職就任をロサダに要請している。また、保守派と同盟したテピック在住の外国人貿易商たちは、軍事的支援の見返りにロサダに武器弾薬を供与している。一方、農民たちは圧制に苦しむ民のために権力に抵抗した義賊と称え、ロサダ軍へ勇んで参加した。エリック・ホブズボームの「匪賊の社会史」に登場するロビン・フッドのメキシコ版ともいえる。(2)自由主義者にとっては獰猛な「虎」であっても、農民や保守主義者や外国人貿易商にとっては頼りがいのある「虎」であった。

ロサダに関する学術的研究は一九五〇年以降、漸く途につき、彼の農地改革に対する真摯な活動が評価を受けるようになった。一九五〇年に州知事のフロレスが『ナヤリ州史』を編纂させたのは、ロサダを再評価するためである。そしてバルバ・ゴンサレスの『マヌエル・ロサダの土地闘争』は、ロサダに関する学術論文の先駆けとなった。しかし一九七〇年代でさえ、彼を盗賊や無法者と公然と非難する声は消えず、一九七三年に百周忌は開催されなかった。[3] 八〇年代になると、アルダナ、メイエル、レイナらが本格的な実証研究を行い、ロサダは農民の土地を守るために立ち上がり、中央政府や州政府、あるいは地方政府に対して反旗を翻したという見解が主流となっていった。一九九九年には「ロサダの光と陰」というシンポジウムが彼の縁の地、テピックで開催され、ロサダの顕彰碑建設が決定された。さらに、二〇〇七年にはロサダ研究者たちが執筆した「今日までのマヌエル・ロサダ」という大部の浩瀚な論文集が発行され、ロサダの歴史的評価が固められた。[4] ところが、二一世紀になってもフレイザーのようにロサダの活動を社会運動ではなく単なる盗賊行為としか見ない研究者もいる。[5]

本章では、一九世紀、ハリスコ州で勃発した農民反乱をロサダという毀誉褒貶の多い人物を介して分析し、政府とアセンダドが同盟したために農民は武装蜂起を選択せざるを得なかった、という仮説の検証を試みる。

第1節　メキシコ西部の征服と植民

現在のミチョアカン州とハリスコ州を征服したのはヌニョ・デ・グスマンである。[6] グスマンは数あるメキシコの探検家、征服者、植民者の中で最も悪名高い人物である。グスマンは一五三〇年、三〇〇名のスペイン兵と一万人のメシーカ族、オトミ族、トラスカラ族の同盟先住民を率いてメキシコ市を出発し、北西部に向かった。まずミチョアカンでは、金の在り処を聞き出すために、タラスコ族の王カルソンツィンを拷問にかけ殺害し、この地域を暴力的に平定した。その後、北上し、現在のハリスコ州に侵入した。グスマンはイシュトランとアワカトランのインディオに金・銀と荷役人を要求したが、拒否されると、抵抗するインディオを焼き殺したばかりではなく、インディオの手足を切断し、犬の餌にした。また捕虜としたインディオの首に縄をかけ数珠つなぎにして連行し、およそ四五〇〇人のインディオを奴隷化し、額に烙印を押した。(7) グスマンは一五三一年、グアダラハラ市を建設後、一五三四年にテピックのコンポステラ市をヌエバ・ガリシア地方の拠点に定めた。スペイン国王が、一五四八年にコンポステラにアウディエンシア（聴訴院）の設置を命じたので、コンポステラは一時的であるがこの地方の行政と司法の中心となった。(8)

スペイン人の北上は当時グラン・チチメカと呼ばれた領域を生活の場とする遊動民との衝突を招いた。北部乾燥地帯に居住する遊動民は総称で「チチメカ族」と呼ばれた。彼らは採集狩猟を主な経済基盤とし、一〇〇人ほどの小集団（バンド）を形成して移動生活を送っていた。チチメカ族は高度の政治組織を持たず、また定住農業も知らなかった。チチメカ族は幼少から狩猟に使う弓矢に馴染み、正確に獲物を射た。これら遊動民は生活圏に突然侵入してきた外国人に苛烈な戦闘をしかけた。チチメカ族を構成するサカテコ族とカスカン族は、グアダラハラ市北方に位置するミシュトン丘陵に立て籠もり、山上から矢の雨を降らし、侵入者を悩ました。救援に駆け付けたグアテマラの征服者、ペドロ・デ・アルバラドが戦死すると、ミショトン戦争（一五四一―一五四二）は激化し、副王のアントニオ・メンドサ自身が六〇〇名のスペイン兵と二万人の同盟インディオ兵を率いて首都から駆けつけ、漸く反乱を鎮圧した。[9] 一五四六年、フアン・デ・トロサがサカテカスで豊かな銀鉱脈を発見すると、グラン・チチメカへの侵入は加速された。メキシコ市からケレタロ、サン・フェリペを経てサカテカスに至る「銀の道」が開かれる一方、ヌエバ・ガリシア地方のアウディエンシア（聴訴院）が設置されたグアダラハラは、サカテカス、フレスニジョ、ソンブレレテ、ドゥランゴへつながるもう一つの「銀の道」の出発地点となった。

スペイン人のシルバー・ラッシュは先住民との対立を激化させ、一五五〇年にチチメカ戦争が勃発した。サカテコ族が、銀鉱山に商品を運搬するタラスコ族を襲撃して殺害し、積荷を略奪した。一五五一年九月にはグアチチル族がスペイン人の隊商を襲撃し、スペイン人とインディオの荷役人を多数殺害した。グアナフアト近郊の山岳地帯を根城とするグアマル族は周辺の伝道村やスペイン人の集落を攻撃して、住人を殺害し、家畜を奪った。[10] スペイン軍は移動しながら小集団で奇襲をしかけてくるチチメカ族を平定できなかった。だが、攻撃的であったチチメカ族も食糧、衣類、装飾品を贈られ、次第に懐柔された。修道会の改宗事業も功を奏し、定住生活を送るようになった。好戦的チチメカ族は山岳地帯に逃げ込み、抵抗を続けたが、平地のチチメカ族は一五九〇年代に政府に恭順した。[11] 平定された土地はスペイン人兵士にエンコミエンダ（征服と植民で功績のあったスペイン人に先住民への徴税権と賦役権を与える代わりに先住民を教育し改宗させる制度）として下賜された。エンコメンデロ（エンコミエンダを付与された者）たちは、恭順したインディオのカシーケを介して税金と労働力を集め、メキシコの西部でも徐々にエンコミエンダが定着していった。

ハリスコ州の西部に位置するテピック地方では、一七世紀に入ってもウイチョル族、コーラ族、テペウアン族が山岳地帯に籠り、銀を渉猟して侵入するスペイン人と衝突した。一六一六年から翌年にかけてテピック地方で大規模なインディオの反乱が勃発した。チチメカ族はアカポネタを襲撃後、キビキンタを攻撃して町を廃墟とした。またフランシスコ会の改宗の試みも失敗した。副王領への恭順を潔しとしない山岳遊動民たちの指導者は、「ナヤリ」という名称で呼ばれた[12]。テピック地方の東部山岳地帯を生活圏とするインディオたちは、その後も首長ナヤリの支配下、修道会の説得に耳を貸さず、一世紀以上も抵抗を続けた。だが、一七二二年初頭、山岳地帯のインディオは征服された。ヘスス・マリアに砦が築かれ、ヌエバ・ガリシアのチチメカ族の抵抗は終わり、インディオを労働力とするアシエンダが徐々に発展した。ハリスコ州ではアシエンダで働くペオン（アシエンダ内の農業労働者）はメディエロと呼ばれ、収穫の半分を地主に収めた[13]。

第2節　ハリスコ州の土地問題

ハリスコ州では独立戦争直後からインディオへの土地の分配を奨励する法律が公布されたが、インディオ集落が強く抵抗したために、実践された地域はグアダラハラ近郊に限られた。一八一三年一月一四日の法令は、荒蕪地は私有地として分配し、共有地は個人所有とすると命じた[14]。この法令に対してチャパラ湖周辺の集落が結束して反乱し、一八二四年にはアワカトランとアイナモタの農民も武器を取った。ハリスコ州議会は反乱鎮静化のために一八二五年二月、法令第二号を可決した。その第一条は、「従来インディオと呼称された人々は、村の内外の合法的耕作地内で合意に基づき、現在個人的に所有している土地、家屋、敷地の所有者と宣言する」と規定した。だが、この法令の公布によっても事態を収拾することはできず、一八四八年四月の農業法で、インディオの土地の分配に関するすべての法令の施行を停止した。そして一八四九年二月の法令第一二二号は以下のことを命じた：「インディオの土地所有を認めるが、土地分配は合法的に実施すること」、「市議会所有の土地はすべて共同体に移譲すること。優先順位は既婚者、寡夫・寡婦、孤児の順とする」、「分配は一八四九年一二月までに完了すること。分配されないインディオの土地は市議会の所有となること」、「インディオ農民に共有地を分配する際は、農地測量士が分割を担当する。不明な点は、裁判官が解決することとし、費用は受益者負担とする」。しかし、市議会はインディオの土地に侵入して、夏の放牧地を売却したり、あるいは係争中の私有地を奪った。市議会がインディオに対して不法行為を働くのは、市議会員のほとんどがアセンダドであったからである⑮。市議会を名指しで勧告がなされているところを見ると、ハリスコ州ではインディオ共有地の分割・分配に市議会が不正に関与していることが窺える。とはいえ、解体された市議会帰属の土地の価格は総額の一〇％にすぎず、九〇％を占める教会所有の土地価格には遠く及ばなかった⑯。

ハリスコ州における土地解体に対するインディオ共同体側の対応は次の三型に分かれた。一．解体を受け入れ新区画の農民になるか、あるいは賃金労働者になる：抵抗しながらも解体を受け入れたのは、チャパラ湖周辺、サポパン、サンペドロ、グアダラハラの農民である。二．一部、区画化を受け入れるが、共同体維持のために闘う：アウトラン、マスコタ、エツィトランの三村がこの類型に当たる。三．農地強奪に対して大規模な反乱を起こす：州都グアダラハラと政治的、経済的に競うテピックには反乱を起こし、継続させる様々な条件が整っていた[17]。

テピックのインディオの土地状況については、すべての土地が係争中で、アカポネタではほとんど分配されなかった。サン・ルイスではモハラス・アシエンダが共有地の大半を奪い取り、ポチョティタンでは経済力のある個人が耕作地のほとんどを手に入れた。サン・アンドレスではプガ・アシエンダと、アワカトランではシエネガ・アシエンダと諍いになった。イシュトランでは二万ヘクタールの土地が係争の対象となり、サンタ・マリア・デル・オロでは村役場とインディオの諍いとなった。アルダナの調査によれば、一八二二年から一八四三年までにテピックでは一九の村、二二のアシエンダ、一一四のランチョ（小規模経営の牧場）が消滅した。また、一八四九年までにハリスコ州全体で一六〇七件のインディオ所有権が承認され、そのうち、第七郡（テピック）では合計八三件（五・一六％）が認可され、土地証書が発行された。だが、インディオの総登録数は、一万五六六〇であるから、一〇・二六％が承認されたにすぎない[18]。紛争激化の原因は、商業的作物のサトウキビ、綿花、タバコ栽培や鉱山開発を推し進める新興ブルジョアと貧しい農民の対立であり、これらの経済活動は新しい土地の取得と賃金労働者を必要とした、とアルダナは寡占的資本主義の観点から主張する[19]。

しかし、メイエルの主張は異なる。メイエルは、テピックで小規模自作農を創設できなかった理由を以下のように述べる。テピックで実施された土地の私有地化において、土地取得者の上位一四人が一〇万四一六八ペソ（六八％）を支払い、解体された土地の三二％を取得した。取得者は外国人を除けば地方のエリートである地主、商人であり、彼らのほとんどが役人や政治家であった。つまり植民地時代から続いている伝統的クリオージョの家系であり、エスピノサ家、ガルシア家、パトロン家がそれらの代表である。これらの地方特権階級は姻戚関係を結び、政治的経済的支配力を強化した。これらの事実は、アルダナが唱えるような従来の二つの仮説とは異なる。つまり、一．新たな土地の取得者は貧しいインディオかメスティーソであり、二．解体法の受益者は新興のクリオージョであるという説である。[20]さらにメイエルはテピックにおける農民への土地侵害は植民地時代に遡り、独立以降も継続されたのであるから、一八五六年のレルド法公布はロサダの蜂起とは直接関係がないと主張する。[21]とは言え、レルド法公布の翌年にロサダが地域の二大アシエンダ、モハラスとプガを襲撃し、それ以降州政府軍との戦闘が激化したことを勘考すれば、ロサダの蜂起とレルド法公布は間接的な関係しかないとはいえないであろう。ハリスコ州では地方政府の政治家と役人がアセンダドと結託して農民から土地を強奪する構図が認められる。

第3節　マヌエル・ロサダの生涯

ロサダは一八二八年九月二二日、テピック近郊の村、サン・ルイスでディオニシオ・ベラスケスとマリア・デ・ラ・クルスを両親として生まれた。一八三三年の父の死後、伯父のホセ・マリア・ロサダのもとで育てられたことから、伯父の姓を名乗る。[22]ロサダの生い立ちについては諸説があり、両親は純粋なコーラ族の出自を持つという説から、イギリス人とコーラ族女性との混血説まで存在する。[23]彼の人種については、コーラ族系のメスティーソというのが正しいであろう。この場合メスティーソという人種カテゴリーは、スペイン人が征服を開始し、それ以降行われてきた先住民インディオとの混血を指し、一六世紀以来の長きにわたる歴史的産物である。一代や二代といった短期的な混血現象ではなくロサダの時代まで三〇〇年も繰り返された人種的混交を意味する。

貧しい少年は、近郊のアシエンダ、モハラスで牛追いとして働き始めたが、そのうち追われる身となった。二度捕えられ、刑務所に収監された。出所後は、一八五〇年、四人の部下を率いるロドリゴ・ゴンサレスの手下となり、すぐに三〇人を率いる頭目となる。一八五一年には、「アリカの盗賊団」と呼ばれ、悪名を馳せるようになる。一八五二年ごろ、追跡者のシモン・マリレスがロサダの母親を虐待したので、マリレスを殺害する。[24] 一八五五年、植民地時代の旧都、コンポステラを脅威に晒し、テピックを襲撃した。彼が一躍有名となったのは、一八五七年九月にモハラスとプガという二つのアシエンダを襲撃したことであろう。それまでの小規模で散発的な襲撃と違い、地域の著名な大農園を襲撃したことは、地域の支配者と権威に対する反逆であった。この事件以降、ロサダの襲撃は権威に楯突く略奪行為から民衆、特にインディオ農民を守る正義の戦いという社会性を帯びてくる。[25] テピックの軍司令官ロチャは、アリカ山岳地帯を知悉したロサダのゲリラ戦法に翻弄されて反乱の鎮圧を断念し、アシエンダとの境界設定、測量、調停を条件に一八五七年一一月、ロサダとパソ・デル・カイマン和平協定を結ぶ。[26] ハリスコのインディオ農民が中央政府や州政府に激しく抵抗する理由は、一八五六年六月二五日に制定された「永代所有財産解体法」、通称、レルド法である。この法律の骨子は、教会や先住民共有地のような法人所有の不動産を売却し、その所有を禁止することである。自由主義政権は、ヨーロッパを模範とする近代国家を建設するために個人が自由に不動産を売買できるような資本主義的経済政策の導入を企図した。彼らにとって、教会と先住民の所有する土地は経済活動を阻害する死蔵された土地に過ぎなかった。経済を活性化し、国富を増加させ、政治的、社会的安定を築き、国を発展させせようとした。

ファアレスが率いる自由主義政府とスロアガの保守派は国家の覇権をめぐり、熾烈な権力闘争を展開し、その争いはレフォルマ（改革）戦争と呼ばれ、三年間（一八五八―一八六一）に及んだ。ロサダはこの内戦でレルド法を強要する自由主義派と敵対し保守派と提携した。ファアレス軍が一八六〇年一一月、保守派の軍隊を打ち破り、一八六一年一月に首都に入城し改革戦争は終結した。だが、翌年、まさに新たな共和国が樹立された直後、フランス軍が干渉してきたのである。保守派に招かれたマキシミリアン皇帝とロサダの間には、自由主義派を共通の敵とする共同戦線が一八六三年に成立した。メキシコ西部に進駐したフランス軍は同盟の見返りにロサダ軍に軍資金と軍需物資を提供した。

テピック（第七郡）は一八五七年一一月のパソ・デル・カイマン協定以降、ロサダに占領され、州政府から独立し、ロサダが統治者を任命するようになった。一八六一年六月、州知事のオガソンはロサダ一味を無法者と見なす法令を公布し、ロサダに一万ペソ、彼の部下たちに五〇〇〇ペソの賞金を懸けた。(27)ロサダ農民軍と州政府軍の攻防は一進一退だったが、スペイン、イギリス、フランスの軍隊が債務返済を要求してベラクルス港に上陸したので、一八六二年一月二四日、オガソンはロサダとポチョテイタン休戦協定を結んだ。その第五条は、州政府はアシエンダとの土地境界設定に関してインディオ農民の権利を保障した。一時的な平和が訪れたが、休戦は長続きせず、同年一一月、ロサダの宿敵であるラモン・コロナがコンポステラを襲撃した。コロナは徹底的にロサダと戦い、追い詰め、ロサダの息の根を止めることになる。コロナはその後、州知事まで上り詰めた。

ナポレオン三世の意を受けたマキシミリアンは、一八六四年にメキシコに到着し皇帝となった。しかし、この啓蒙君主は彼を招き入れた保守派の意向に反して、インディオの土地問題に比較的寛容で、その点ではロサダが目指す先住民の共有地の権利要求と合致した。先住民の意思を無視して共有地の解体を図る自由主義派に敵対するロサダは、保守派が支持する皇帝派と手を結んだ。だが、フランス軍の主力が普仏関係の悪化により一八六六年に撤退すると、皇帝派は支えを失い、一八六七年五月、皇帝はケレタロでファアレス軍に降伏し、処刑された。ロサダは戦況が皇帝派に不利になると、皇帝から距離を置き始め、一八六六年、一時、引退を表明した。(28)

一八六七年八月、メキシコ共和国大統領、ベニト・ファアレスは共和国に軍事的に帰属し、ハリスコ州から行政的に分離した第七管区（テピック）を承認し、その首長にサンロマンを任命した。その頃、コロナはファアレスにテピックの実質的支配者であるロサダ討伐を執拗に要求した。その理由は、ハリスコからのテピックの分離は州の勢力を削ぎ、中央からの影響力が強化されることになるからである。しかし、サポテカ族のインディオであるファアレスはロサダに親近感を抱くとともに、(29)彼の軍事力を利用して地方分権化を抑止しようとした。ロサダは一八六八年一二月、「境界設定委員会」を設置し、アシエンダとの土地係争を抱えるインディオ農民たちに土地の分配を開始した。この措置に対して、グアダラハラの特権階級は猛烈に反発し、新聞紙上で個人の所有権を否定するロサダを非難した。この時期、ロサダは体調不良から引退を表明している。一八七一年にはファアレスに大統領選で敗れたポルフィリオ・ディアスがナヤリ州の設立と将軍への就任を提案して、ロサダに近づき巻き返しを図ったが、ロサダはその好条件を受け入れなかった。ロサダがディアスに与しなかった理由は、ファアレスとの約束を遵守し、州外の紛争への不干渉を貫いたからである。(30)

一八七二年、フアレスの急死によって、ロサダは孤立することになる。後継者のセバスティアン・レルド・デ・テハダは、中央集権主義を掲げ、各地の農民反乱の鎮圧に乗り出した。恩赦を求めるロサダには無条件降服を命じ、さらに「境界設定委員会」の裁定を無効にしたためにロサダは反発し、戦闘が再開された。ロサダはテピックのインディオ農民が中央政府に対して闘う大義を一八七三年一月七日「解放計画」で表明し、その中で中央集権主義、議会の腐敗、統治者の低いモラルを非難した。そして一八七三年一月二四日、ロサダは乾坤一擲、勝負を決すべく活動拠点のアリカ山地を離れ、州都、グアダラハラ攻撃に向かった。兵員数では勝ったものの、山岳のゲリラ戦ではなく平地での正攻法ではコロナ軍に分があり、二八日、ラ・モホネラで大敗した。その後アリカ山地で追い詰められ、七月一四日に捕縛され、一九日、テピックで銃殺された。享年四五歳であった。

第4節　永代所有財産解体法（レルド法）

一八五四年、フアン・アルバレスを中心とする自由主義派は、失政を繰り返す独裁者のサンタ・アナ政権を打倒するためにゲレロ州のアユトラで武装蜂起した。このクーデターはアユトラ事変と呼ばれ、メキシコの近代化が推進される歴史的分岐点となった。アユトラ事変以降、自由主義派は数々の改革案を掲げ、法制化した。「永代所有財産解体法」は、この自由主義改革の根幹であり、コモンフォルト政権によって一八五六年六月二五日に公布された。立法化した大蔵大臣のミゲル・レルド・デ・テハダの名を取り、一般にレルド法と呼ばれる。三五条からなり、序文で、「国家の繁栄と発展を阻害する最大のものの一つは、公共財の基礎である不動産の大半（の売買）が停滞して、自由に流通していないことである」と謳われ、自由主義経済にそぐわない法人の非生産的な不動産の流動化が目的であった。メキシコの自由主義は、絶対王政に反対して一八一二年公布されたスペインのカディス憲法に影響を受けており、共有地の分割と私有地化の概念にもスペイン憲法の自由主義が反映されている。[31]

以下主要な条文を検証する。第一条は「共和国の法人や教会が所有する、あるいは経営するすべての農村と都市の不動産は現在、賃借している者が支払う賃料に該当する価格をして年利六％で取得できる」と表記され、農村で土地を賃借している農民に農地取得の機会を与え、自営農民化を促進する意図が現れている。また、都市部の土地、家屋の取得の機会をその賃借人に与えている。だが、実際には農民のほとんどが貧困ゆえにあるいは教会への遠慮から土地を取得できず、恩恵に浴したのは都市の借家人であった。[32]第三条は「法人とは、すべての男女の宗教団体、信徒会、司教信徒会、修道会、信徒団体、教区教会、地方自治体、学校、それに永代的あるいは無期限の性格をもつすべての施設や協会を指す」と、法人の性格を明示し、その主な対象が教会であることがわかる。第五条は「本法律の公布時において賃借されていない農村と都市の不動産は、管轄区の自治体が実施する競売において最高入札者が取得する」と記されている。第五条の意図するところは、遊休地の利用と活性化である。内外の資産家や投機家は本条に基づき、未耕作地や荒蕪地を競売で入手し、大土地所有者となっていった。第八条は、「法人に帰属する建物、修道院、司教館、市庁、学校、病院、救貧院、市場、感化院は譲渡の対象から外す」と規定し、不動産といっても実際に公共の福祉に貢献している施設や生活基盤となっている建物に関しては、法律の適用から除外している。第九条は、「土地の取得と競売は法律公布後、各管轄区のカベセラ（主邑）

で三か月以内に実施されること」と明記し、取得期限を公布後三か月に設定している。第一〇条は「三か月が過ぎても取得手続きが終了しない場合は、賃借者はその権利を失う。第三者はその瑕疵を管轄区の自治体に告発し、その賃借人に代わり転借の権利を代位弁済し、告発から一五日以内に本人に有利な取得手続きができる。手続きが完了しない場合あるいは告発がない場合は、当該自治体はその土地を競売による最高入札者に取得させるものとする」と記されている。本条と第一条、第五条、第九条は連動しており、たとえ賃借人が土地取得の権利を付与されたとしても三か月以内に手続きを完了しなければ、権利を失効し、競売にかけられる。そして結局、手続き不良で競売にかけられ土地は経済力のある個人や企業の所有するところとなる。第二一条は「競売で取得された土地は、合法的に取得された土地としていつでも自由に譲渡できる」と規定し、土地の自由な売買によって不動産の流動化を図り経済活性化を促進しようとする政府の意向が如実に表現されている。第二二条は「取得された耕地は譲渡可能な土地に分割できる」として、土地の権利関係を明確にして、自営農民の創設を促進するとともに土地の売買を容易にしている。第二五条では、「今後、いかなる法人、教会といえども不動産を取得し経営する権能を持たない」と規定され、先住民共同体と教会の新たな不動産取得を禁止している。第二六条は「競売の結果、法人は、取得する全収入を農業生産企業、製造工場、貿易会社への株主として預託できるが、その収入で不動産の取得と経営はできない」と記され、従来許容されていた宗教法人の不動産取得が禁止されている。第二七条は、「すべての土地譲渡は公正証書によって証明される」と証書作成を義務付けているために、土地取得者は公証人に土地権利書の作成料を支払わなければならず、貧しい農民には負担となった。第二八条は「公証人は譲渡する法人、価格、買手の氏名が表示されたすべての文書を大蔵省に送付すること」と公証人に報告義務を課している。三二条では「土地所有権の移転には五％の取得税を当該自治体に支払わなければならない」と現金や債券による取得税支払いを規定し、税収増もレルド法制定の意図のひとつであることがわかる。

レルド法制定の主要な目的は、国土の七五％を占める教会の膨大な不動産を接収し、植民地時代から継続される不活発な伝統的経済を流動的資本主義経済に変更することにあった。(33) またレルド法の条文には「先住民」や「インディオ」という言葉は使用されていないが、法人の範疇には先住民共同体が含まれることは明らかである。自由主義者たちは、メキシコは私有財産権を持つ市民社会となったのであるから、スペイン王室から庇護されていたインディオと呼ばれた人種カテゴリーは消滅したという見解を持っていた。(34) さらに、実際に接収や競売の対象になった物件を精査してみると、地方自治体の不動産も計上されており、レルド法が言及する法人の範疇には第三条が規定しているように地方自治体も含まれる。

イギリスやフランスを近代国家の手本とする自由主義者にとっては、教会も先住民共同体もスペイン植民地時代の悪しき負の遺産であった。教会はその膨大な土地を近隣農民に貸しつけ、耕作させ、収穫の一部を賃料として徴収していたが、彼らの経営感覚は封建的なもので、資本主義的視点は乏しかった。教会が概して、零細農民に過酷な賃料や物納を課さなかったのは、信者の生活を守るという慈悲の精神が働いたからである。それに対して、私有のアシエンダで労働するペオンの待遇は教会所有の農園で働く農民より劣悪で、アシエンダの増加・拡大はペオンの労働条件を悪化させる原因ともなった。教会には弱者を救済するという宗教人としての考え方が働いており、利益至上主義のアセンダド（大農園主）とは自ずから農民に対する接し方が異なった。その結果、信心深い農民のなかには良心の呵責や破門への恐れから敢えて教会の土地の私有地化を申し出なかった者も多かった。レルド法の起草者たちはそのような農民の心理を読み、教会不動産の競売物件が大量に放出されることを想定していたであろう。農民が土地取得を躊躇しているうちに、アセンダドや企業家が土地を掠め取っていったのである。農民の怒りがレルド法に向けられたのは自然の成り行きであった。自由主義派はレルド法を制定したことによって、教会を敵に回すと同時に教会と零細農民の連帯も生みだした。

一方、先住民共同体では元来その成員に土地所有の観念は薄く、一定の土地の用益権（耕作権）を慣習的に保証されていたにすぎない。さらに共同体には成員すべてが利用可能な牧草地や山林などの遊休地が付随しており、これら非耕作地もレルド法の対象となった。レルド法は土地の所有観念のないインディオ農民に突然、共有地を分割して各区画の所有者になることを命じるものである。土地の権利書作成は煩雑なうえに料金を徴収され、そのうえ、取得税の支払いも加わり、手続きが完了できる農民は僅少であった。期限が過ぎた土地は次々と近隣の富裕なアセンダド、資金の豊富な外国人、有力な政治家や軍人たちの手に落ちて行った。レルド法は自営農民の奨励とは裏腹に、新たな大土地所有者を生み出したのである。

農民たちはメキシコ各地でレルド法に激しく反発した。それはテピックのインディオ農民たちも同様である。植民地時代に王室によって庇護され承認された共同体の共有地が売買の対象になったのであるから当然である。一八五七年にロサダが、周辺の農民共同体の土地を蚕食したアシエンダ、モハラスとプガを続けざまに襲撃した理由のひとつは、レルド法施行に苦しみ、反発する農民の心情を代弁することであった。共有地を耕作するインディオ農民であれ、教会や信徒会の農地を賃借している一般農民であれ、彼らには土地取得の権利が発生したが、現実には手続きを期限内に完了できるものは少なかった。また、法に則り取得してもアセンダドの甘言に惑わされ低価格で売却する場合もあった[35]。取得手続き不良の土地は競売にかけられ、目前でそれらの土地が次から次へと近隣のアセンダドや外国人の手に落ちていった。彼らに残された道は二つしかなかった。新しいアセンダドの下で、ペオンとして惨めに働くか、果敢に反乱するかである。テピックで後者を選ぶ農民が少なくなかったのはロサダの存在が大きかった。ロサダの傘下に参集したのは、アリカ山地の先住民、コーラ族やウイチョル族とテピック低地の教会や大農園の土地を耕作していた非インディオのメスティーソの農民たちであった。彼らを中核とした農民軍に、各々の思惑と打算を抱えた軍人、政治家、識者、貿易商など多様な人々が加わった。

レルド法が公布される直前、ハリスコ州では一八五四年の「アユトラ計画」に呼応して、自由主義派が武装蜂起し、保守派との対立が激化していた。同州での両派の争いによって、政治的空白が生まれた好機を逃さず、農民たちは従来からの土地政策への不満からハリスコ州各地で武装蜂起した。それらの反乱はユカタン半島のカスタ戦争を彷彿とさせるものであった。州知事のサントス・デゴヤドは続発する農民の反乱に否応なしに対処せざるを得ず、一八五六年二月、一通の通達を公布した。その通達には、「土地を一年と一日所有した者は、裁判所が裁定を下すまでは所有権が認められ、不正な侵犯は力で撃退できる」と記述され、アセンダドもインディオも占有している土地の所有権を主張できるものである[36]。さらに、インディオを庇護する専門の弁護士一人の任命とグアダラハラに土地裁定に特化した第七裁判所の設置を決めた政令が公布された。この裁判所ではインディオの裁判費用は免除され、通常の裁判でかかる時間の半分での解決が定められた。しかし、いずれの法的措置も効果は薄く、一八五六年六月にレルド法が公布されると、大土地所有者と共同体の農民の間で苛烈な土地争奪戦が州全体に拡大し、特にテピック地域で激化した。レルド法は、為政者の思惑に反し、皮肉にもロサダの存在を民衆、特に零細インディオ農民に認知させ、彼への支持を拡大させる大きな契機になった法律とも言える。

第５節　ロサダの土地闘争

州知事のオガソンはコロナ指揮下の州政府軍によってロサダ軍を攻撃したが、山岳地帯でのゲリラ戦に手こずり、徹底的な勝利を収めることができなかった。そこで休戦協定を提案し、オガソンの代理人であるデル・バイエとロサダ側代表のカルロス・リバスが交渉し、一八六二年二月、ポチョティタン協定に調印した。協定の骨子は以下の通りである。一．ロサダ兵は帰郷すること。二．接収法を無効とし土地所有を認める。三．山岳地帯からの避難民は帰郷が認められる。四．役人の任命はテピック郡に任せる。五．テピック政府がインディオの土地問題を司る。ポチョティタン協定成立後、ロサダ側は武器の引き渡しをしなかったが、迫害は中止され、アセンダドは土地の返還を義務づけられた。

ハリスコ州政府が米国人の移民受け入れに失敗し[37]、ポチョティタン協定に調印せざるを得なかったのは、州の財政不足とフランス軍の干渉であった。ロサダとマキシミリアン皇帝の同盟は、自由主義派を撤退させテピック地域の安寧化をもたらした。マキシミリアンは一八六五年一一月に「土地と水の訴訟法」を公布した。この皇帝の法令は、「土地・水の権利書を持参して土地所有権を請求すること。証明書

図4　ロサダの支配地

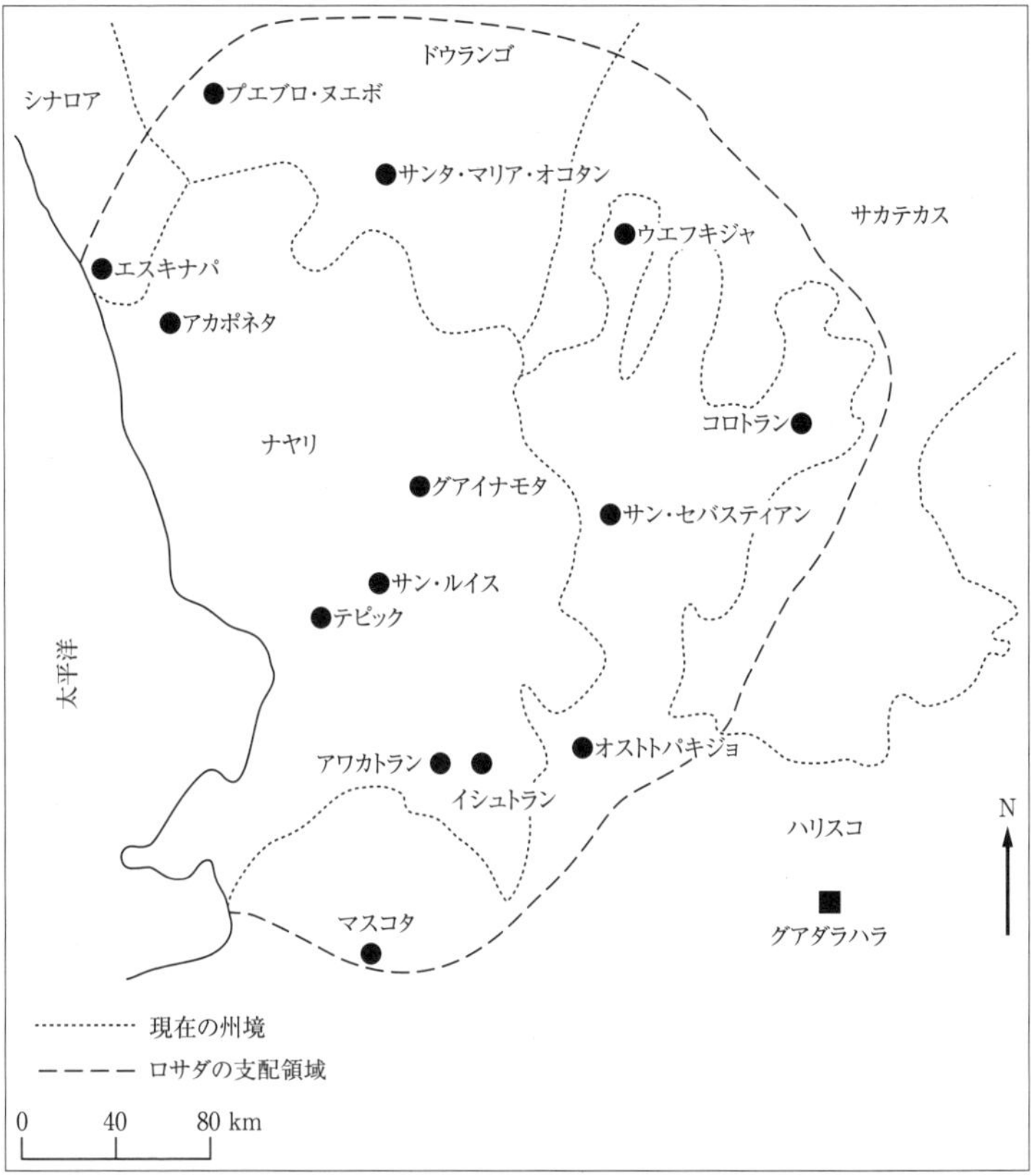

出典：Jean Meyer（1989）, p. 257

なきものは土地・水の権利を放棄したものとみなす。書類がない場合は、裁判所は訴えを支持できない。決定に不満の場合は、内務省の再調査を申請できる」ことを規定した。[38] この法令に対して、翌年、ロサダの側近であるカルロス・リバスは、分配を決定する評議会はアセンダドによって構成されておりインディオに不利な裁定が下されること、また、提出書類作成に要する時間と費用負担が重いことなどを挙げて、帝国内務省に修正を願い出ている。[39] マキシミリアンはインディオ農民の告発に応える形で、一八六六年六月、第三者の手に渡った共有地の土地を元の用益権者に返還を命じる法令を公布し、さらに同年九月、「地所・共有地法」を公布した。この法令は、「四〇〇人以上の村民がいる場合、あるいは小学校がある場合は、村に地所を付与する。二〇〇〇人の村民のいる村には地所と共有地を付与する。集村のために村を放棄する場合は、保証する。大集落建設促進のために二〇〇〇人以上の村には免税措置を行う。政府は地所と共有地を村落に付与するために荒蕪地や土地売買で土地を供給したり、あるいは所有者から土地を買い取る。二村間の土地・水の係争は裁判所が迅速に解決する。裁判所への申し立ては本法の公布から三年以内に申請しなければ、無効とする。申請に当たり、弁護士の任命も許可する。村の代表が村民の権利をなおざりにした場合は、住民は皇帝に直接上訴できる」。[40] マキシミリアンは上記の法令制定以外にロサダとリバスを将軍に任命し、テピックに軍事的独立性を与えた。マキシミリアンは、困窮したインディオ農民に同情し彼らを擁護する法令を公布したが、ペオンの犠牲のもとに維持されるメキシコの大土地所有制を廃止しようとは考えなかった。根本的農地改革を実行しようとした社会革命家ではなく限定的な改革で満足した啓蒙君主といえる。

一八六六年七月一九日、ロサダは軍の解散と帰郷を促す、通達を出した。ロサダはその通達で以下のように述べている。「武装蜂起を促した人々に約束したことを実行できたので、私は七月一一日、司令官を辞任し、武器を置いた。一一年間の辛い戦闘の末、勝ち取った幸せを噛みしめ、仕事に精を出そう。盗みをしないようにお互いに監視しあうのだ。飲酒は殺人や喧嘩の原因で最大の敵であり、家庭を崩壊させる。われわれは政府と裁判所に従う。罪を犯せば厳しく罰せられ、はるか遠いユカタンに移送される。上級・下級の役人に従い、武器携帯は禁止する。不正に攻撃された場合は、その人物を庇護し、損害、名誉、権利を回復する。自分はいち私人に戻りたい」。バルバは、無学ながら責任感の強いカウディージョ（家父長的軍事指導者）の高い規範精神が表現されているとして、この通達を高く評価している(41)。ロサダが一八六七年七月ファアレス政権を承認したので、ファアレスは同八月、連邦政府に直属するテピック特例軍区を創設し、違法性がない限りテピックのインディオとメスティーソを保護すべしとした。そしてロサダは一八六八年、「境界設定委員会」を設置し、その委員長にドミンゴ・ナバを任命した。ナバが作成した規則に従い、インディオに帰属する土地の権利と権利証を調査する委員会が各市町村に設けられた。費用が嵩む境界の設定と土地権利書の発行が委員会によって代替されたことは、インディオにとってはこの上ない救済となった。ナバは、政府が強奪された土地の回復運動を正義とみなさず抑圧に訴えるなら、自らの権利が保障されるまで防衛するしかないと述べ、着々と零細農民の自営農民化を進めた。特例軍区の創設でテピックは農業が安定した。それに伴い治安が回復し繁栄したので、ロサダが西部共和国を創設するというううわさまで流れた。グアダラハラと首都の新聞は、テピックの農地改革を所有権の侵害であり、大きな混乱を引き起こしたと非難し、ロサダ一味を秩序と文明に敵対する犯罪者とみなした。境界設定委員会は一八七一年まで機能し、一八六八年からの三年間は中央政府からも州政府からも干渉されない「ロサダ王国」が存在した。この間、ファレスの政敵である、ディアスがロサダの庇護をもとめてサン・ルイスに逗留したのをはじめ、中央政権に異を唱えるイグナシオ・マヌエル・アルタミラノ、フランシスコ・ラバスティダ、プラシッド・べガが亡命してきた。

この安定期にロサダ派は、テピックの住民だけではなく全国民に対しても連帯を呼びかけた。一八七〇年九月一六日、サン・ルイスで山岳地帯の六八村の代表が「メキシコの困窮者であるインディオと市民へ」という呼びかけを全国に行った。[42]呼びかけの冒頭部分では神の摂理に従い困窮者を政治的社会的に再生することが布告されている。至福のときが到来し、未来の世代のために偉業を促進実現させるに相応しい方法を模索すべきことが記され、ロサダを神秘化するメシア的思想が窺える。呼びかけは、神の摂理が行われる一つの条件として困窮者を苦しめる権力者との交渉を拒否する。「金満家や権力者はわれらを奴隷と見なすから、弱者の敵である。また、知識人は性根が悪く、われらの無知を利用する。政治家は羊の毛皮をまとい、われらを貪る。役人は人的災厄であり、不幸な祖国に伸しかかる災禍であるから、彼らとは話し合いはしない[43]」と痛烈に支配階級を糾弾している。呼びかけには、スペインからの独立以降、国民に対して計略、裏切り、不忠を重ね、民衆の血を犠牲にして支配する政治屋と役人を侵害者、不履行者、圧制者、財政破綻者、横領者、売国奴、破廉恥漢、裏切り者、殺人者、カトリックの敵と非難する言葉が延々と続く。呼びかけの一部を以下に引用する。「知事のオガソンは殺し屋を雇い、マヌエル・ロサダの暗殺を企てた。また、われわれの災厄、苦悩、傷心を癒やすカトリックを改革法で挑発し揶揄し、中傷した。外国の不正義な侵入や干渉を許すのは、逼迫した財政のために統制され軍規厳しい熟練された軍隊が存在しないからである。鉄道の敷設と電信の設置が遅れているのは、政府が率先して企業を組織しなかったせいである。また、工業、鉱業、商業、農業の発展が遅れているのも怠慢な政府の責任である。健全な刑務所と教護院の不足は財源を内戦に浪費した政府に責任がある。子供たちが飢え、ぼろをまとっているのは、政府の責任であり、フランスの干渉は債務不履行の結果である。われわれは同じ苦しみを持つ運命共同体であるから、共同して共に闘おう。われわれ国民にはその権利がある。われわれの状況を変革できる。だが、その変革に暴力も武力行使も革命も必要ない。平和的に合法的に解決できるのであるから、暴力に訴える必要はない。来るべき国会議員と州議員選挙において敵に投票しなければいいのだ。唯一の懸念は民衆が信頼を託せる候補がいないことである。しかし、社会には必ず実直で善良な人物がいるはずであるから、民衆の苦しみを理解できる人物を真摯に探そう。そうすれば、国民は国民によって統治されることになる。だからと言って特権階級と敵対することはない。彼らの中にも人間味あふれ、博愛主義者で誠実で有徳の純粋な愛国者もいるからである。最後に、われわれの声が不幸にして国民に届かず、わが州の民衆に宣戦が布告されたときは、躊躇なくそれを受け、民衆と人類の大義を守るであろう」(44)。全文に流れる理念、支配者を糾弾する理論、巧みな文章力から判断して、この呼びかけの草稿を執筆したのは、ロサダの秘書、ミゲル・オセゲラであろう。ロサダが公表した数々の通達、要請、命令の草案や骨子を練り上げたのはオセゲラであり、それらを土台にして、ロサダの側近であるドミンゴ・ナバやカルロス・リバスが加筆修正したと推測される。この呼びかけには六八の市と村から参集した四七三名が署名した。呼びかけの意図は、中央政府の悪政を糺し、来る選挙で私利を貪る政治屋ではなく、平和的に真の民衆を代表する人物を選ぶことである。それにもかかわらず、中央政府が戦いを仕掛けてきた場合は、受けて立つとの表明である。ロサダ派は緊張関係にある連邦政府に対して硬軟両面で対応し、民衆の大義を前面に立て自分たちの考え方と立場を公表すると同時に、賛同者を少しでも募り、次の選挙で自由主義派の敗北を期待した。

一八七〇年頃、ロサダが取り組もうとしていた政治的優先課題は、ナヤリ地方の州昇格である。一八七二年一月、ロサダの側近の国会議員であるマヌエル・パイノ、カルロス・リバスは、連邦議会でナヤリ州の創設を提案した[45]。しかしグアダラハラ選出の国会議員によって阻まれた[46]。自由主義派が制定した一八五七年憲法には、地方の自治を尊重する精神が反映され、新しい共和国へ加入する地域の承認を国会議員に付与した。その第七二条第三項は、新州設置の条件を人口八万人以上と政治的実行支配の二点とし、地元住民の分離申請を受けて議会の多数決で承認されると規定している[47]。新憲法の恩恵を受け、コリマ、カンペチェ、イダルゴ、モレロスが州として分離独立した[48]。自由主義派の中央政府が新州の地元申請を承認した理由は、連邦制の理念を単に具現化することだけではなかった。中央政府には地方を分割統治する狙いもあったと考えられる。メキシコの自由主義政府は、連邦制に基づき州政府が強大な権力を持つことで中央政府に反発し、国の政治的社会的安定性を損なう状況を憂慮した。そのため中央政府は建国間もない国家の礎を築き、国家を安定させるために中央集権的政策を取り、強力な州の弱体化を図り、権限を縮小しようとした。

また、連邦政府の中央集権化の志向と並行して、地方政治においても自由主義者が州政府を頂点とする集権的姿勢を取る場合も多かった。ハリスコ州においてはその傾向が顕著であった。ハリスコ州は人口、面積、総資産、農業生産において国内で枢要な位置を占めており、政治力と経済力を備えたメキシコ中西部の基幹州であった。それだけに連邦政府に対する対抗心も強く、中央の管理下に入ることを潔しとしなかった。このハリスコの地方分権的志向は独立時から強く、特にアユトラ事変以降はコモンフォルト、デゴヤド、パロディ、カマレナ、オガソン、クエルボ、バヤルタ等著名な自由主義派の知事を輩出している[49]。だが、州政府が連邦政府に対して分権主義を推進するからと言って、州内の分権主義を認めたわけではない。むしろ州内の分権主義に対しては、その運動を厳しく抑圧した。中央政府に対しては地方分権主義を主張するハリスコ州であるが、州内での自治については集権主義であった。

一八七二年七月、ファアレスが急死すると、ロサダは後継者に選出されたセバスティアン・レルド（ミゲル・レルドの弟）との関係修復を迫られた。そこでロサダは腹心のセラエタ、モンタニョ、ペレス・サンディ、秘書のオセゲラを首都に派遣し、レルドとの接触を試みた。一二月に行われた両者の会談で、レルドは一．憲法の無条件承認、二．政府法令の遵守と実行、三．政府の敵対者の支援中止、四．土地係争の裁判所委託と土地境界設定委員会の活動中止、五．テピック特例軍区の廃止の五条件をロサダ側に突きつけ、その交換条件として、ロサダと兵の身の安全を保障した[50]。ロサダはこの政府案に対して一八七三年一月一七日、「解放計画」を宣言し、被抑圧者階級に反乱を呼び掛けた。彼は「解放計画」の中で、現行制度の失敗はメキシコ国民の分裂、腐敗による国家財政破綻、土地解体法の不備が原因であると主張し、悪政と闘う国民の権利、ハリスコ州からの独立、レルド政権の否認を掲げ、共和国、帝国、王国を問わずメキシコ国民を代表する政府形態を模索すべきことを提案した[51]。ロサダは土地を侵害されたテピック農民のために大農園主、外国人、役人、軍人、政治家などの有力者や特権階級と闘い、土地を取り戻した。レルド提案の受諾は、辛酸をなめた末に勝ち取った農民の権利が水泡に帰することを意味した。恩赦と交換で長年の理想を断念することもできたであろうが、ロサダは再び戦いの道を選んだ。

第6節　外国人貿易商

ハリスコの州都グアダラハラは人口、先産力、資本力、技術力の面においてテピックを大きく上回っていた。だが、グアダラハラに唯一欠けていたものをテピックは持っていた。それはサンブラス港である。内陸都市グアダラハラは陸上交通の要であったが、海には遠く、海上貿易はサンブラス港やシナロア州のマサトラン港に依存せざるを得なかった。テピックとの軋轢の原因は港湾の関税収入に起因する。メキシコは植民地時代から税収の多くを鉱山税（キント）と関税収入に依存していた。この構図は独立以降も変わらず、列強が新興国に債務返済を要求してベラクルス等の港湾を占領し、関税を代行徴収することは常態化していた。

植民地時代からメキシコ太平洋岸最大の貿易港はアカプルコであった。アカプルコとフィリピンのマニラ間にはガレオン貿易船が往復し、スペイン帝国の東洋貿易を担い、母国に巨万の富をもたらした。スペインは一八世紀になると、南下するロシアの脅威と太平洋沿岸を侵食するイギリスの干渉に対処するために、カリフォルニア植民の必要性を痛感した。そのため新しい港の開設を迫られ、巡察使のホセ・デ・ガルベスが一七六八年、サンブラス港を開いた。それ以降、サンブラスはカリフォルニア植民の拠点として発展し、時にはアカプルコと平行して東洋貿易にも参加した。サンブラスからは北部辺境地へ向かう開拓者、先住民の改宗に意気込む修道士、彼らを護衛する兵士が次々に出航していった。イエズス会が一七六七年に植民地から追放されてからは、フランシスコ会が北部辺境地帯の布教を担い、フランシスコ会士のフピペロ・セラはその先陣を切った。カリフォルニア半島のラパスとロレト、現在のカリフォルニア州のサン・ディエゴ、モンテレー、サン・フランシスコはサンブラス港から船出した修道士たちによって開かれた。独立戦争が始まるとアカプルコは独立軍に占領され、その機能を低下させていた。[52]サンブラスの発展は太平洋岸の西部地域経済を活性化した。一八四〇年には三二隻の船が入港した。その内訳はメキシコ船五隻、英国船一一隻、米国船五隻、仏国船四隻、エクアドル船三隻、ペルー船とチリ船が二隻であった。[53]港が繁栄するにつれ、輸出入品に課される関税収入も増加した。建国間もなく幼稚産業しか存在しない新興国においては確実に収入が見込まれる関税は国家にとっても州にとっても貴重な財源であった。サンブラスをめぐるテピックとグアダラハラの争いは関税と密輸に起因していた。輸出入製品からできるだけ多くの関税を徴収したい政府と関税を最小限に留めたい貿易会社の衝突である。グアダラハラは密輸を取り締まり、関税収入を上げようとしたが、テピックは地元産業に欠かせない外国人貿易会社の関税負担を軽減しようとした。

独立後五〇年間の主要輸出品は鋳造貨幣であった。海外で開業したメキシコ企業は、国内銀行が設立されていない状況で、輸入品代金をメキシコ通貨で直接支払わなければならなかったからである。また金銀の延べ棒は鉱山開発しない場合、輸出が禁止されていた。鋳造局は企業が採掘した金属の価格に一二%を課税し、税関は輸出税一〇%を徴収した。その上、鉱物分析料、鋳造料、刻印料が加算された。当然のことながら、金銀の延べ棒の密輸が盛んになる。貿易業務は、資本力とノウハウに長けた特定の外国人企業に管理された寡占状態であった。貿易会社は両替、貸付も行う銀行の役割も果たし、また各国領事にも任命された。領事職は外交官を隠れ蓑にした貿易会社の一種の防衛手段であった。[54]

繁栄するサンブラスを牛耳っていたのは、イギリス系貿易商人のエウスタキオ・バロンとウイリアム・フォーブスである。二人はバロン・フォーブス社（B&F）をテピックに立ち上げ、太平洋貿易を次第に支配していった。このイギリス系貿易会社はもう一つのスペイン系貿易会社カスタニョス社と競合していた。B&Fとカスタニョス社はテピックの経済権益をめぐり激しく争い、前者は保守派を支持し、後者は自由主義派と連帯した。自由主義派の経済介入を忌避したいB&Fと土地問題で自由主義派軍と戦うロサダは利害が一致し、同盟した。[55] ロサダは、B&Fから資金と武器を与えられれば、危険な盗賊行為に手を染める必要性はなくなるのである。ロサダとエウスタキオの仲介をしたのは、カルロス・リバス・ゴンゴラである。B&Fが五〇名のロサダの私兵に武器を供与する条件として、ロサダはB&Fがサンブラス港から積み出すメキシコ銀の密輸団の護衛を担当するという協定が結ばれた。[56]

エウスタキオ・バロンは一七九〇年、スペインのカディスで生まれた。貿易商の父ヒュースステス・バロンはアイルランド人である。エウスタキオはスコットランド人のウイリアム・フォーブスとサンブラスで知り合い、一八二三年、B&Fを創立した。B&Fは順調に業績を伸ばし、北はカリフォルニアから南はエクアドルのグアヤキルまでの太平洋沿岸で、あらゆる商売を手がけた。経済活動は貿易に留まることなく金融業、アシエンダ経営、繊維業にまで手を広げた。金銀鉱山のミラバジェ・アシエンダ、農牧畜用のサンホセ・アシエンダの他、ボルボジョンとサン・ロレンソのアシエンダも購入し、モハラスやプガ・アシエンダの砂糖工場とベジャビスタ繊維工場を買収した。また、アルト・カルフォルニア、ソノラ、テピックで各種鉱山を購入し、カリフォルニア、テピック、サンブラスで領事を兼務した。その後、テピックの事業は新イギリス領事のフアン・オールソップに委ね、二年間、ヨーロッパで豪遊した。帰国後はメキシコ市に居を定めて、中央政界とも絆を深め、保守派のブスタマンテやアラマンを支持した。エウスタキオはハウハの繊維工場で生産する木綿製品の輸出を介してメキシコ市の大富豪マヌエル・エスカンドンと知己となり、長女のカタリナはマヌエルの弟、アントニオ・エスカンドンと結婚させ、また、次女のアントニアはエクアドル人の銀行家でパリ在住のルサルガ伯爵と結婚させた。カタリナは後年、マキシミリアン皇帝の妻カルロタの女官となる。(57)

上流階級同士の政略婚姻は、経済的地位の安定化と強化の手段として一九世紀のメキシコ社交界では日常的に行われた。名門家系同士は、開発、投資、政治参加において結束して協同で行動する傾向がある。マヌエル・エスカンドンは、乗合馬車事業を皮切りに、鉄道敷設事業、鉱山開発、タバコ販売、アシエンダ経営などに積極的に関与し、メキシコ経済界きっての実業家であった。事業のため大西洋を往復すること二二回、従業員数は八〇〇〇〜一万人、投資額は二〇〇万ペソ以上と自伝で述懐している。また、自営農民の創設奨励のためにハリスコ州のアシエンダ、シエネガ・デル・パストルを売却し、自由主義者が促進するレルド法にも協力している。(58)マヌエル・エスカンドンは、政治的には元来保守派であり、サンタ・アナを支持し、マキシミリアンの招聘にも尽力したが、晩年には自由主義貿易を推進する自由主義派にも同調するという政商として巧妙な立ち回りをしている。

初代エウスタキオの死後は息子のエウスタキオ二世が継ぎ、さらに孫のギジェルモが継承する。(59)エウスタキオ・バロンとテピックで競合していたのが、ホセ・マリア・カスタニョスである。カスタニョスは一七九六年、スペインのサンタンデルで生まれ、一八一〇年にメキシコへ渡った。一八二〇年代にテピックで貿易会社を興し、カリフォルニアから中国のマカオまで貿易網を広げ、アジアに初めてメキシコ・ペソを輸出した。アメリカとスペインの領事を務め、プガ・アシエンダでは地域で最初の砂糖工場を建設した。一八四〇年には欧州に旅立ち、帰国後の一八四一年、ベルギーの技術を導入した繊維工場をテピック郊外に建設し、ハリスコ州の繊維工業の草分けとなった。

エウスタキオとカスタニョスの出自、経歴、職域は驚くほど似ている。そのような二人の対立は避けられなかった。エウスタキオとカスタニョスの対立は経済分野に留まらず、政治闘争にも発展した。自由主義派のハリスコ州知事デゴヤドを後ろ盾とするカスタニョスに対抗して、エウスタキオは保守派と手を結んだ。ホセ・マリアが一八四六年に死亡し、エウスタキオがメキシコ市に隠居すると、創業者同士の争いは終わったが、二代目同士の戦いは続けられた。

一八五五年一〇月、デゴヤドはサンブラス港からテピックへ持ち込まれる商品に通行税を課す法令を公布し、さらに一一月、従来の売上税を廃止し、新たに密輸防止用の直接税を創設した。売上税を脱税していた貿易会社はこの措置に猛反発した。デゴヤドはハリスコの商人と結託してB&Fの密輸を取り締まり、経済力を弱体化させようとしたのである。デゴヤドは密輸調査委員会の委員長にホセ・マリア・カスタニョス二世を任命した。ホセ・マリアがB&Fに関する密輸調査結果を新聞に公表したので、自由主義派とイギリスを後ろ盾にするB&Fの間で激しい争いとなった(60)。

それに対して同年一二月、バロン二世は反撃に出た。一八五五年一二月一三日、ロサダの支援を受けたB&Fは、司祭と軍人の特権を廃止したフアレス法に反対するグアナフアトのマヌエル・ドブラドを支持して、蜂起した。反乱軍は、平等にすべての階級を保障する政府の支持を表明し、海軍中尉のホセ・マリア・エスピノサ、「ハリスコの自由」隊のアンヘル・ベニテスと連携した。ベニテスはロサダ軍に宿営地を確保し、エスピノサは六八騎を集めた。事件の発端は、サンブラス港の税関吏たちを支配する自由主義派のテピック市長のボニファシオ・ペニャが、商取引を独占するB&Fの追放を画策したことである。ペニャの後ろ見は知事のデゴヤドであった。反乱の目的は、カスタニョス社と結託してB&Fの密輸を取り締まるデゴヤド派の放逐であった。しかし、デゴヤドが州兵を率いてテピックに向かうとバロン二世はマサトラン港から一二月三〇日、アントニタ号で英国に逃亡した。デゴヤドはテピックを占領し、エスピノサをグアダラハラの監獄に収監した。ベニテスも逃亡し、地域に平和が戻った。知事は翌年五月、密輸、ロサダへの財政支援、海軍の買収の罪でB&Fに追放命令を出した。英国の内務大臣レットソンは、B&Fの追放は一八二三年締結された英墨通商協定違反であると、B&Fを擁護した。デゴヤドは、バロン二世が銀をサンブラスから持ち去ったと外務省に告発したが、実際、銀はその後、プレジデント号で英国に陸揚げされた(61)。

一八五六年七月、カスタニョス派がバロン派を攻撃し、略奪、放火を行い、サンブラス港の領事オールソップは収監された。英国の内務大臣レットソンは、B&Fの罪状をすべて否定し、メキシコ政府に対してB&Fの追放命令を撤回すること、バロン二世を領事へ復帰させること、デゴヤドが外国領事と真摯な友好関係を構築することを要求した。メキシコ政府はロンドンへ全権大使を派遣して外交問題の深刻化を回避しようとしたが、議会の自由主義派が英国の要求を頑なに拒絶するので、英国はついに一八五六年九月にメキシコとの外交関係を断絶した。英国軍艦がキューバからベラクルスへ派遣された情報を入手した大統領のコモンフォルトは新たな軍事介入を恐れ、一一月英国の要求を飲まざるを得なかった。賠償金は当初一〇〇万ペソを越えていたが、その後の交渉で約一五万ペソへ減額された。一二月、バロン二世はテピックに凱旋し、自由主義派は死に体になった。テピックの行政職はバロン派に取って代わられ、ルイス・リバスはテピックの司令官に、カルロス・リバスは国家警備隊の大佐に任命され、ボニファシオ・ペニャは更迭された。[62] 翌年の九月、ロサダはバロン二世から供与された武器を用いてカスタニョスが経営するプガ・アシエンダの砂糖工場を襲撃し、深刻な打撃を与えた。この襲撃が原因で、カスタニョスはプガの経営から手を引き、Ｂ＆Ｆに売り渡した。

英国系貿易会社Ｂ＆Ｆ、地方エリートのリバス家、農民リーダーのロサダの三者間同盟はそれぞれの思惑から提携された。Ｂ＆Ｆは自由主義派の密輸対策を封じるためにロサダを傭兵として雇い、リバス家はＢ＆Ｆの経済力とロサダの軍事力でグアダラハラの勢力と対抗する力を獲得し、ロサダはＢ＆Ｆから供与される武器とリバス家の政治力を利用してテピックの農民の土地の権利を守ろうとした。また、Ｂ＆Ｆの背後では英国が暗躍し、貿易会社を介してメキシコにおける自国の経済権益を確保した。一九世紀のイギリスは、ラテンアメリカにおける外交方針をあからさまな軍事介入による植民地征服から、外交官の威嚇や軍事力の示威という間接的干渉による経済覇権の確立へと転換していた。

バロン二世が一八六九年に死亡すると、子どもたちは残された遺産で暮らした。一八九三年のＢ＆Ｆの清算でフランシスコ・イ・エウスタキオは六七万二〇〇〇ペソを獲得し、Ｂ＆Ｆは一八九五年、解散した。カスタニョス社を受け継いだスペイン人のドミンゴ・アギレがＢ＆Ｆの財産をすべて購入し、一九〇〇年から一九三三年までテピックの主となる。[63] エウスタキオ一世の孫たちはその後もメキシコの政財界の名門と婚姻を重ねた。エスカンドン・バロン家はディアス時代にアシエンダ・鉱山経営、不動産事業、繊維産業、鉄道事業等手広く事業を展開し、メキシコ国立銀行の創業に当たり、その株主となっている。[64] またバロン家の子孫たちは、二一世紀でさえメキシコの財界の中枢を占めている。

第7節　最後の戦い

ロサダは一八七三年一月七日、腐敗した政府、永代所有財産解体法の不合理性、悪政と戦う国民の権利を掲げた「解放令」を発表し、レルド中央政府およびバヤルタ州政府との対決を決意した。ロサダは兵員を三分割し、ディオニシオ・ヘロニモ軍をサカテカスへ、アガトン・マルティネス軍をシナロアへ出撃させ、三〇〇の騎兵と三門の大砲を備えた主力の六〇〇〇は自ら率いてグアダラハラ攻撃へ向かい、テキラでグアダラハラ軍を破った。[65] ロサダの進撃を知った州知事のバヤルタは、一八歳から五〇歳の市民を召集し、四〇〇〇名から構成される民兵団を組織し、併せて武器の買い上げを実施した。[66] 迎え撃つラモン・コロナは三軍からなる二二四一名と六門の砲で戦闘準備を整えた。先陣はプリシアノ・フロレスに率いられた歩兵第一四隊、第二一隊で三門の大砲を携えていた。本隊はレオポルド・ロマノ指揮の第六騎兵隊と七〇騎の憲兵隊で、三門の砲はラファエル・バロンが指揮した。殿はグレゴリオ・サアベドラ指揮の歩兵一一隊と一二隊である。二八日午前八時、グアダラハラ近郊のラ・モホネラ牧場で戦闘の火ぶたが切られた。コロナは正面にフロレス指揮の一四隊と二一隊と三門の砲を配置し、左翼の第二軍にサアベドラ指揮の一一隊と一二隊と三門の砲を配した。正午、ロサダは総攻撃をかけた。それに対してコロナは、援護砲撃のもと歩兵第一四隊と第二一隊の銃剣攻撃と第六騎兵隊の突撃を命じた。するとロサダ軍本隊は混乱し、大砲を奪われ退却した。さらにコロナ軍左翼の第二軍が敵の右翼を攻撃し崩壊させ、殿軍まで攻撃に参加した。正面と右翼を崩されたロサダは反撃したが、劣勢を挽回することはできなかった。翌朝、ロサダ軍は退却し、午後三時、コロナは市に凱旋した。ロサダ軍は一〇〇〇名以上の死傷者を出し、二門の砲、三台の砲車、大量の弾薬を失った。一方、グアダラハラ軍は二二四一名のうち、死者二〇三名、負傷者一一五名であった。シナロアに向かった軍はエル・ロサリオでアルタミラノ軍に粉砕され、サカテカスに向かった軍は一戦も交えず撤退した。[67] 二二四一名が六〇〇〇名を潰走させた。ロサダのそれまでの勝利は、最大でも一〇〇〇人の軍が正規軍の近寄れない山岳地帯での待ち伏せや、奇襲というゲリラ的戦略を用いたことに起因する。そのような有利な地理的環境と、B&Fから供与された優れた武器弾薬で攻撃されては、政府軍に勝ち目はなかった。だが、敵地の平坦な戦場でしかも兵站が不備な状況では、近代的武器を備え訓練を受けた正規軍に対抗できなかった。しかもロサダ軍の大半はグアダラハラへの進軍過程で加入した新兵だった。戦場で真っ先に逃亡したのも彼らだった。[68] それに対してコロナはロサダにグアダラハラ近郊まで進軍を許し、敢えて市民の恐怖心を煽って、結束を高め、民兵軍を組織させた。巧みな戦術であった。根城の山岳地帯から出た時点でアリカの虎は敗北していた。

ラ・モホネラ戦の一年前、ロサダ軍の中枢を担っていたプラシェディス・ヌニョスとアンドレス・ロサレスが、離反しコロナ陣営に走った。また長年ロサダに武器を供与していたB&Fとの関係も冷え切り、武器弾薬も不足していた。ラ・モホネラ戦後は、ロサダが最も信頼する参謀のドミンゴ・ナバがコロナ側に寝返った。ナバはロサダ時代が終焉し、唯一の和平条件は無条件降服だとロサダの幹部たちを説得した。サンロマン、リバス兄弟も離反し、ロサダの求心力は急速に失われた。それでも必死にアリカ山中を逃亡するロサダをかつての部下であったヌニョスとロサレスが追撃した。そして七月一四日、セバジョスがアラヤンでロサダを捕虜にした。一八日に死刑判決を受けた後、翌日の午前六時、銃殺隊の前で目隠しを拒否し、死を甘受した。ロサダの捕縛が伝えられると、テピックでは教会の鐘が打ち鳴らされ、花火が打ち上げられるなか、人々は街に繰り出した。ロサダの死後、中断されていたテピックとグアダラハラのエリート同士の争いが始まった。レルドにテピック長官に任命されたサンロマンはハリスコからの分離運動を促進するが、バヤルタはテピックの再統合を主張した。一方コロナは一万八〇〇〇人のインディオは再蜂起の機会を狙っているので警戒が必要であり、諸問題を解決し和平を実現する唯一の手段は、州都をテピックに移すことであると提言した(69)。

結び

自由主義者やアセンダドは、ロサダを極端に恐れていた。「アリカの虎」というあだ名は彼らの恐怖を端的に表している。だが「虎」と命名したのは恐れだけからではない。ロサダの敵対者は自ら恐れる以上に、民衆を恐れさせようとした。ロサダを強欲な略奪者や冷酷な殺人者に仕立て上げて、彼に対する反感を募らせ、ロサダの武装蜂起を大義なき無法な騒乱に貶めようと画策した。新聞社は社主や後援者である権力者の意向を受け、大々的に反ロサダのプロパガンダを展開した。一方ロサダは、自己主張や自己弁護できる手段を持たず、一方的に指弾されるばかりであった。一九世紀半ばに捏造されたロサダの負のイメージは歴史書や伝説で語り継がれ、二〇世紀末においてさえ消えることはなかった。ロサダ研究の遅れも、彼への偏見がハリスコ州やナヤリ州で根強かったせいである。別言すれば、それほどまでにロサダへの中傷は激しかったのである。

しかし徒にロサダを英雄視したり、神格化することは慎まなければならない。貧困や不当な迫害が原因とはいえ、青年期から草族団に加わり、略奪、殺人を犯した無法者であったのは事実である。ロサダは若くして山賊団の頭目になり、漸次仲間を増やしていった。だが、ロサダが他の盗賊と違うのは、盗賊行為を社会運動に昇華したことである。サン・ルイスの先住民共有地がモハラス・アシエンダによって不当にも侵害され、土地が強奪されていくのを看過できなかった。その意味では、ロサダは盗賊というより匪賊であった。ホブズボームが指摘しているように、「匪賊とは、農民社会の中に留まり、人々によって英雄、あるいは復讐者、あるいは正義のために闘う人、あるいは解放の指導者とさえ考えられており、強烈な個性と軍事的才能を持った強情で自ら恃むところのリーダーである[70]」。

ロサダは無学であったけれども[71]、抑圧者との闘いを通してインディオ農民に何が必要か学習していった。彼が山岳生活では学びえなかった土地所有権に関する法律の知識、狡猾な政治家と渡り合う政治力、闘争に必要な大義と理念を現場で直接、あるいは彼を支えるブレーントラストたちから吸収していった。テピック特例軍区の承認後、境界設定委員会を設置し積極的に農民に土地を分配し、農民による地域支配を確立した。自律的農民共同体を創生した功績を評価すれば、農地改革者という名に値するであろう。ロサダは無法者からインディオ農民の庇護者である匪賊へ、さらに農地改革者へと変身していった。ロサダは二〇世紀初頭にメキシコ革命で農地改革を推進したエミリアノ・サパタの先達者と見なすことができる、とバルバは述べている[72]。

ロサダの死後、ウイチョル族の間ではメシア的性格のロサダ神話が生まれた。ロサダはキリストと同一視され、ウイチョルの神カウイマリに生まれ変わった。カウイマリはメキシコ各地を遍歴した末に首都に到着するが、ラモン・コロナ（ユダ）に裏切られ、ユダヤ人に引き渡される。そして十字架にかけられるが、魂は体を離れ昇天する。[73] ロサダの他界後もテピックでは反乱が続き、最終的にテピックがナヤリ州に昇格するのは、一九一七年のことである。

ロサダを敵視するハリスコ州政府とアセンダドが結託したためにロサダは反乱したが、その一方で、彼の軍事力を頼みにしたナヤリの政治家や実業家がロサダを支援した。ロサダは地域のエリート間の激しい権力闘争を巧みに利用して農民の土地と権利を回復し、一定期間維持した。ハリスコ州の場合は、州政府は調停者としての役割を買って出た場合もあるが、[74] 大抵の場合アセンダドと結託し、農民リーダーを追い詰めた。だが、ナヤリ地方の政治家たちが農民反乱者を支援したために、農民共同体が復活したという構図が生まれた。

（1）　Juan Panadero, N. 106, tomo Ⅲ, 10 de agosto de 1873.

（2）　ホブズボーム p. 15.「社会が農業（牧畜経済を含む）に基礎をおき、領主、都市、政府、法律家、あるいは銀行家等によって支配され搾取されている農民と、土地を持たぬ労働者から主に成り立っているところでは、義賊団は普遍的に見出される」。メキシコの例として、匪賊に基礎を置くパンチョ・ビジャと非匪賊的な農民運動家サパタに言及している。p. 165.

（3）　Meyer（1984）, p. 255.「メキシコ史におけるロサダの不名誉な地位は、彼がメキシコの保守派と日和見主義的で背信的連携をしたことからしばしば説明される」Robinson, p. 77.

（４）ALMP p. 15.
（５）Frazer, p. 55.
（６）Meyer（2005）, pp. 46-47. 初めてメキシコ西部を踏破したのは、エルナン・コルテスの従兄弟、フランシスコ・コルテスである。彼はタラスコ族を率いてコリマから北上し、沿岸部のインディオからは歓迎され、ほとんど武力を行使しなかった。
（７）Las Casas, p. 99.
（８）Tello, p. 215, p. 534. その後、アウディエンシアはグアダラハラへ移され、それに伴い裁判官、司教、市会も同市へ移動した。
（９）Ibid., pp. 366-367. アルバラドは、攻めあぐねるクリストバル・デ・オニャテに自軍だけで立て籠もったインディオを征伐できると豪語したが、戦場で馬の下敷きとなり死亡した。
（10）Powell, pp. 22-23.
（11）Ibid., pp. 140-141.
（12）Meyer（2005）, p. 66.
（13）Ibid., p. 62.
（14）Meyer（1984）, p. 127. フランスの場合、共有地の分配は賃貸、売却、用益の三つから選択できたが、メキシコでは選択の余地はなかった。
（15）Aldana 2, p. 17.
（16）Meyer（1989）, p. 111. 解体された教会の土地価格は、総額九万三六四五ペソのうち八万三〇〇〇ペソ（九〇％）を占めた。
（17）Aldana 1, pp. 50-51.
（18）Aldana 2, p. 12, pp. 16-20.
（19）Ibid., p. 8.
（20）Meyer（1984）, pp. 157-158.

(21) Ibid., p. 166.
(22) Barba, p. 115. バルバは、変名は逃亡者にはありがちなこととして、故意に改名したのではないかと推測する。
(23) ALMP, p. 55.
(24) Ibid., p. 43. メイエルによれば、マリレスは一八五一年一〇月、サン・ルイスを襲い、六〇頭の牛を略奪し、二名を負傷させている。Meyer (1984), p. 56. ロサダがマリレスを殺害したのは、母の復讐はもとよりアセンダドに雇われインディオを迫害するマリレスへの報復でもあった。
(25) Ibid., p. 87.
(26) 協定の第四条は、第三者の不利益が生じないという条件で、ロサダに恩赦を与えると規定している。だが実際には、無数の人間を殺害した罪が裁判所において裁かれていなかったため、恩赦は認められなかった。その後もロサダは再三、恩赦を州政府と連邦政府に求めたが、拒絶されている。政府は、被支配者側の論理で略奪と殺人を繰り返したロサダを決して許そうとはしなかった。恩赦が許可されていれば、ロサダは土地闘争から身を引いた可能性は否定できない。
(27) Ibid., p. 143.
(28) Buelna, p. 242. ブエルナは、ロサダの引退は勝利した自由主義派を欺く計略であると述べている。ロサダはテピックを事実上掌握していたので、一先ず、中立宣言をして、様子見をしたと解釈できる。
(29) Barba, p. 196. バルバは、ファアレスが超法規的手法でテピックを独立管区に指定したのは、先住民の血をひくロサダとナヤリ（テピック）のインディオが主張する社会的正義への共感があったからだと主張している。
(30) ALMP, p. 152.
(31) Meyer (1989), p. 37. メキシコの自由主義は、農民共同体の農地所有の廃止を提案していたスペインのカンポマネスやホベジャノスの啓蒙主義に由来する。Tutino, p. 119.
(32) バサンは、一八五六年末、二三〇〇万ペソと見積もられた不動産が九〇〇〇人以上に売却されたが、取得者の大部分が農村の借地人ではなく都市の借家人であったと指摘している。Bazant, p. 69.
(33) Zavala, pp. 96-97. 教会はレルド法によって一億ペソを失い、その結果四万件の所有権が名義変更された。

（34）Aldana 1, p. 63. 一八六九年四月三〇日、国は地方自治体が共有地から非合法的に奪った土地を返還するように通達した。
（35）Perez, Colección de los decretos, Ⅳ：32, 3 de marzo de 1869.
（36）ALMP, p. 29.
（37）Aldana 1, pp. 52-53. オガソンは一八六一年一〇月、米国人のミレンにアリカ山地の開拓を認可したが、ハリスコ州は提示した諸条件を満たすことができず、この開拓は実現しなかった。
（38）Barba, pp. 166-168.
（39）Meyer（1973）, pp. 105-106.
（40）Barba, pp. 169-172.
（41）Ibid., pp. 180-182.
（42）Aldana 1, pp. 30-32. 一九世紀末のハリスコ州では農民人口の九五・二%がペオンであった。ペオンの日給は二レアル（週給一～一・五ペソ）で、収穫の半分はアセンダドに差し出していた（メディエロ制）。食費だけでも四人家族で週一・二ペソかかるため、借金が嵩む一方であった。アルダナのデータはディアス時代のものであるが、レルド法の目的である自営農民の創設は実現されていないばかりか、四・八%の自営農民率は、インディオ共同体の土地のほとんどがアセンダドや資本力のある個人や企業の手に渡ったことを示している。
（43）ALMP, p. 151, Aldana 2, pp. 65-66.
（44）Aldana 2, pp. 65-91.
（45）Meyer（2008）, pp. 302-303.
（46）ALMP, p. 116, p. 122.
（47）Ibid., p. 99. 第七郡の人口は一八四〇年の六万二千人から一八五四年の七万四千人に増加し、テピック市の人口は一万に達した。
（48）Guerra, p. 46.
（49）Aldana 1, p. 7.

(50) Meyer (2008), p. 311.
(51) ALMP, p. 154.
(52) Aldana 2, p. 11. アカプルコとベラクルスから中央への商業道路が独立軍によって封鎖されたために、サンブラスが注目され、テピックとグアダラハラの貿易商人はナヤリの金銀とヨーロッパ製品の密輸で巨額の利益を上げた。
(53) Meyer (2005), p. 93. サンブラスからは穀物のほかに木材、タバコ、織物が輸出されたが、最大の輸出品目は銀であった。
(54) Meyer (1984), p. 199.
(55) Ibid., p. 198. メイエルは、ロサダ軍はB&Fの白兵団であったと推測している。確かにロサダ軍は武器弾薬を供与された当初はB&Fの子飼いの小規模軍団に過ぎなかったが、またたく間に兵員が膨れ上がり、単なるB&Fの護衛団から自律した組織的な軍団へ変身する。
(56) ALMP, pp. 23-24.
(57) Pérez Rayón, p. 18, p. 72, p. 75.
(58) Urías Hermosillo, p. 29, p. 51.
(59) ALMP., p. 101.
(60) Ibid., p. 90.
(61) Ibid., pp. 88-89.
(62) Ibid., pp. 91-94.
(63) Meyer (1984), p. 216. カスタニョス家は創業者ホセ・マリアの死後、ベジャビスタ繊維工場の不振とプガの砂糖工場の経営失敗から、一八五七年事実上破産した。
(64) Ludlow, pp. 1017-1020. 一八八一年、メキシコ国立銀行創設の際、発行された八万株のうち、バロン・フォーブス社とアントニオ・エスカンドンは各二〇〇株、エウスタキオ・エスカンドン、マヌエル・エスカンドン・バロン、パブロ・エスカンドンは各四〇〇株を引き受けている。
(65) Godoy, p. 203. ロサダの主力軍の兵員数については六〇〇〇から八〇〇〇と研究者により異なる。メイエルは六〇

〇〇 (La batalla de la mohonera, p. 242)、アルダナ (La última batalla, p. 213) とペレス・ベルディアは八〇〇〇 (Manuel Lozada, p. 197) と概算している。正確な兵員数が把握できないのは、正規軍ではないロサダ軍については軍事報告書が残されていないためである。

(66) El estado de Jalisco, tomo I, no. 94, p. 3, Vigil, p. 196.

(67) ALMP, p. 199, pp. 204-207.

(68) バルバは、二八日の戦闘でロサダはサポパンまでコロナ軍を追撃したのであるから、コロナ軍を恐れて敗走するわけがない。下級士官が命令に背きテピックに逃げ帰ったのが真相ではないかと推測している。Barba, p. 221. ラ・モホネラの戦闘に限らず戦闘報告はほとんどが政府軍のものに基づく。ロサダ側の記録が皆無に近く、大部分を政府側史料に依拠しているために正確で公平な戦況分析は困難を伴う。

(69) Aldana 1, p. 165-168.

(70) ホブズボーム、p. 1, p. 12.

(71) サカテカスのパボン将軍は、「ハリスコ州の盗賊団はロサダという学士によって指揮されている」と国防省に報告している。ロサダの作戦が周到に計画されていたために知識人と勘違いした。Camacho, p. 10.

(72) Barba, p. 30.

(73) Reina, p. 201.

(74) López González, pp. 41-42. 独立戦争中に反乱軍に略奪され、土地の権利書を消失したサン・ルイス村は一八二二年、権利書の写しをグアダラハラ市に提出し承認されている。

第4章

ヤキ族の反乱

鹿の踊りを学ぶヤキの子供たち
(撮影：著者)
ヤキにとって鹿は神の化身である。音楽に合わせて伝統芸能の鹿の踊りを舞う子供たちを見ていると、人類学者カルロス・カスタネダが物語る呪術師ドン・フアンの世界に引き込まれる。

初めに

一九世紀のメキシコは反乱の時代である。一八二一年にスペインから独立したものの、党派間の権力闘争は果てしなく続き、経済は停滞し、社会は大混乱に陥った。先住民はそのような社会や経済の混乱と権力の空白を利用して自部族の権利回復運動を展開した。先住民からの土地と自治権要求は、南のユカタン半島から北のソノラ州まで全国各地に及んだ。

本章では、保守派と自由主義派による国内の権力闘争やアメリカ合衆国（以後米国と表記）やフランスの侵略に苦悩する新国家メキシコにおいて、その混乱に乗じて自分たちの土地所有権や政治的自治権を要求した北部ソノラ州のヤキ族の反乱について述べるものである。ヤキ族については、一九一一年、アメリカン・マガジン社の記者、ジョン・ケネス・ターナーが『野蛮なメキシコ』[1]のなかで、ディアス政権のヤキ族に対する人権蹂躙を告発し、その存在がメキシコ内外で知られるようになった。[2]メキシコの人類学者、アンドレス・モリナ・エンリケスも「ガリア人もローマ人もバンダル人さえもソノラ州の白人がヤキ族に対して行ったほど残虐で凄惨で非人道的行為は犯さなかった」とディアスを痛烈に非難している。[3]歴史家のアギラル・カミンは「ソノラの地下は墓で満杯ゆえに固い」と戦闘で殺された無数のヤキの屍の上に成り立つソノラの歴史を表現した。[4]スペイン植民時代には一七四〇年の反乱を除き特筆される武装蜂起の記録は残されていないが、独立後樹立されたメキシコ政府に対しては、一九世紀初頭から二〇世紀初めまでの一〇〇年間余、反乱が繰り返され、干戈を交えない時期はほとんどない。ファレスは自由主義経済政策に依拠して土地の自由化を促進し、その後、大統領に就任したディアスは、その独裁制を強化するにつれ、先住民が所有していた共有地に対する侵食を加速させた。

本章は、植民地時代にアセンダド（大農園主）と農民の土地係争の調停役を果たしていた政府が、一九世紀にアセンダドと結託し農民と対立したことから反乱が頻発したという仮説の下に、論考を進める。[5]

第1節　部外者の侵入

米国と国境を接する現在のソノラ州に部外者として初めて足を踏み入れたのは、スペインの軍人ディエゴ・デ・グスマン（メキシコ北西部の征服者ヌニョ・デ・グスマンの甥）である。一五三三年、ヤキの族長がグスマンに「境界を踏むか越えると、皆殺しだ」と警告したという逸話が残されている。だがグスマンの「突撃」という合図でスペイン軍は攻撃を開始した。それに対してヤキ族はひるまず、スペイン軍はその勇猛さにたじろいだ。当時、この地方にはユト-アステカ語族に属するホバ語、エウデベ語、オパタ語、トゥバル語、セリ語、ピマバホ語、グアリヒオ語、タラウマラ語、テペワン語、マヨ語を話す先住民が住み、ヤキはこれらの部族と先住民連合体を形成し、ヨリ（白人）の侵入を阻止していた。その後一五六五年、ヌエバ・ビスカヤの軍事司令官フランシスコ・デ・イバラがヤキとの友好関係を築いたが、一六〇六年から一六一〇年にかけて、ヤキ領域への侵入を試みるスペイン軍とヤキの関係は悪化し、戦闘状態となった。ヤキは知事のマルティネス・デ・ウルダイデが率いるスペイン軍を打ち破り、スペイン軍の戦意を喪失させた。だが、ヤキは戦闘終結後イエズス会の伝道村を訪ねるようになり、麦・果

図5　ヤキの8グループ（17世紀初頭）

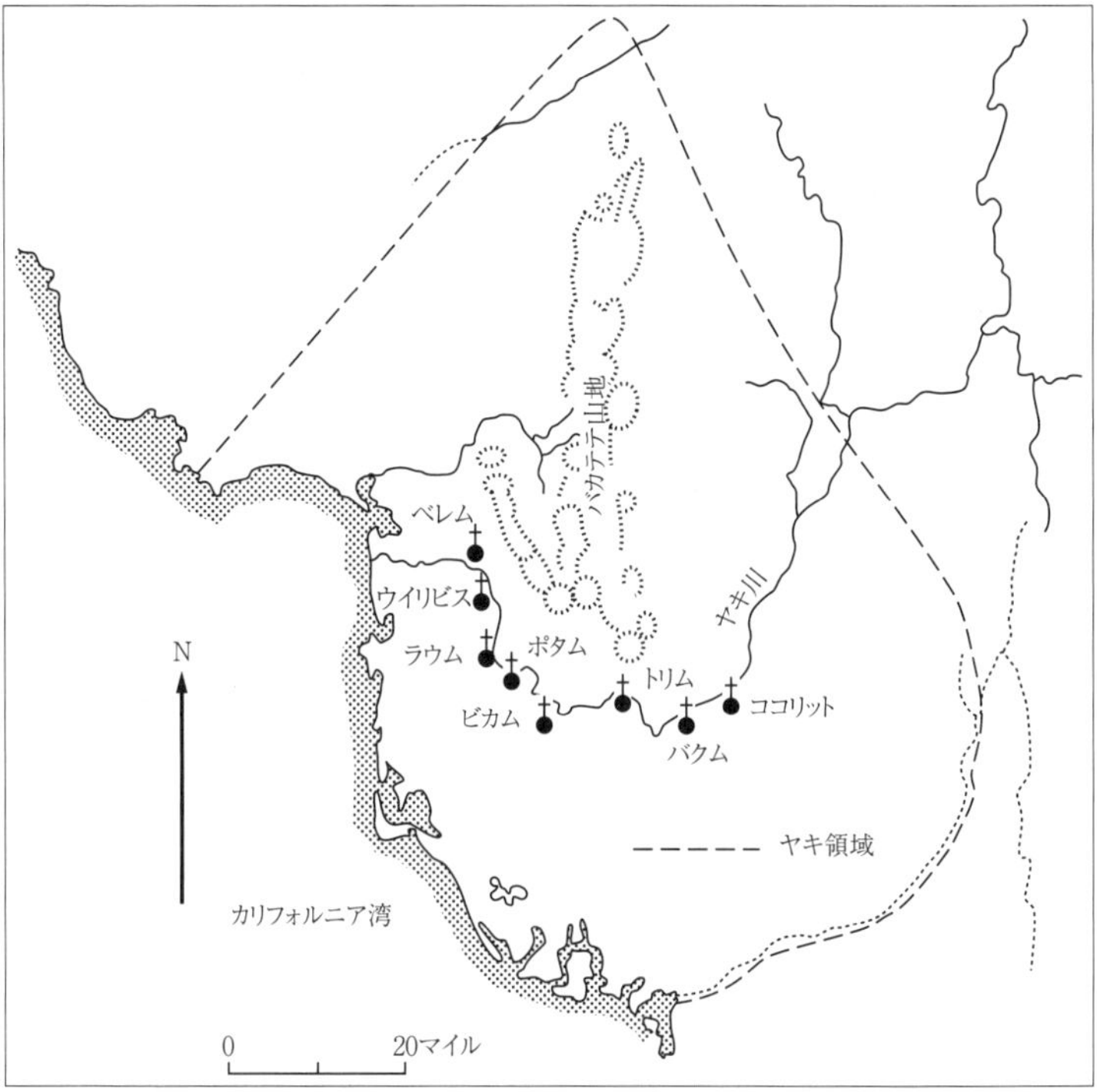

出典：Gouy-Gilbert, p. 41

実栽培、牛馬の飼育に惹かれ、スペイン軍がヤキ領域に侵入しないという条件でイエズス会の伝道を受け入れた。[6] 一七世紀初頭、ヤキ族は八〇のランチェリア（三〇〇〜四〇〇人で構成された集落）に居住し、その人口はおよそ三万人と推定され、共有地を基盤とする伝統的部族社会を保持していた。[7] ウルダイデに同行したイエズス会士のアンドレス・ペレス・デ・リバスとトマス・バシリオは、地道な布教活動を続けヤキの改宗に成功した。そして一六二三年、伝道地域の宗教行事と行政を円滑に行うために、当時存在していた八〇のランチェリアを八グループ（ベレム、ウイリビス、ラウム、ポタム、ビカム、トリム、バクム、ココリット）に分割し集住させた。現在に至るまで保持されているヤキ族の八グループのコミュニティはこのとき生まれた。イエズス会はヤキの神官職、テマスティアンに唯一神の概念や彼らが信仰する超自然的な存在とカトリックの聖人の同一性を説き、カトリックの宗教教義・儀式に馴染ませ、ヤキの宗教的ヒエラルキー化を図った。ヤキにキリスト教が受け入れられると同時にスペインの軍民制度も取り入れられた。行政組織としてアルカルデ（首長）、アルグアシル（警察長官）、フィスカル（財務官）から構成されるカビルド制が導入された。軍事組織としてはカピタン・デ・ゲラ（軍司令官）、アルフェレス（士官）、サルヘント（軍曹）、カボ（兵長）、ソルダド（兵卒）の階級から構成されるスペイン式の軍隊制度が模倣された[8]。農業分野でもイエズス会の貢献は大きかった。採集狩猟とトウモロコシ栽培の混合経済を基盤としていたヤキ族に定住農業化を推奨し、週六日間の労働を慣例化した。家族は自給のために割り当てられた土地を週三日、男たちは共有地の土地を週三日耕した[9]。またイエズス会は、小麦、綿花、豆、藍の栽培法を教え、牛、馬、豚といった家畜を持ち込み、犂、荷馬車の使用を教えたので農業生産力は向上し、各グループは余剰生産物を貯蔵することができるようになった。このような伝道村はパラグアイのグアラニー族との経験を基に実施された[10]。イエズス会はシナロア・ソノラ地方を六地区に分割して伝道活動を実施したが、他の五地区が砂漠地帯特有の乾燥気候に悩まされるのに比べ、ヤキ川とマヨ川の水源に恵まれたヤキ・マヨ地区は穀物の生産に適し、成功した伝道村モデルとなった[11]。一六四〇年代、ヤキ川北部へのスペイン人の入植とともに、レアレス・デ・カナネア、サンタ・バルバラ、サンフランシスコ・デル・ヤキの三鉱山が開発され、ヤキが鉱山労働者として外部世界に働きに出る機会があったとは言え、イエズス会はスペイン王室支配から隔離された、ヤキ世界というべき「従順で有用なインディオ」共同体を創出し[12]、結束力のある、生産的で安定した伝道村を建設した。イエズス会がヤキ社会と外部社会との介在者となり、植民地政府からの防波堤の役目を果たしたので、ヤキが直接植民地政府と接触することは稀で、彼らの伝統的社会というものを保全することができた。だが、スペイン人が経営する近郊の鉱山への食糧供給によって現金収入を得ていた伝道村にとって、鉱山はアンビバレントな存在であった。イエズス会はヤキ社会を原始キリスト教的共同体に転換しようとヤキを管理したために、ヤキが彼ら本来の伝統的な家父長的共同体を確立するのは、スペイン王室がイエズス会を新大陸から追放する一七六七年以降のことである。フー・デハートが指摘するように[13]、ヤキ社会はイエズス会の追放後も自律的先住民集落として生き残った例外的ケースである。

一方植民地政府は、一七三〇年以降、ヤキの肥沃な土地への圧力を強めた。一七三二年北西部の行政区画を再組織化し、ヤキ地方はヌエバ・ガリシアから分離され、ソノラ・シナロア区の管轄となり、マヌエル・ベルナル・ウイドブロ大佐が知事に任命された。ウイドブロの意図するところは、地域へのイエズス会の影響力の排除とインディオ共有地の獲得であった。当時の法令では伝道村の修道士とインディオは納税を免除され、植民者（スペイン人）だけが王室に納税義務があったので、王室にとって伝道村はインディオの改宗には必要な存在であったが税収の観点からは必ずしも優先事項ではなかった[14]。そのような情勢下、一七四〇年にヤキ族とマヨ族がソノラとシナロアで大規模な反乱を起こした。イエズス会士のファン・トバルは、ヤキ族とマヨ族がスペイン人を殺害し家畜を略奪しているにもかかわらず、知事のウイドブロは手を拱いて適正な措置を取らないばかりか、インディオが襲撃してくると逃亡し、その上反乱の責任をイエズス会に転化したと非難した。[15]　イエズス会の院長マテオ・アンサルドは、一七四三年一二月にウイドブロが反乱の原因をイエズス会に帰したことに対して副王ペドロ・セブリアン・イ・アグスティンに対して異議申し立てを行っている。[16]　植民地政府による徴税や植民者による土地の強奪が引き金となって一七四〇年のヤキ族を中心とする反乱が勃発したとイエズス会側は主張する。だが、フー・デハートはイエズス会に反乱の一因を帰している。フー・デハートは、一七四〇年の反乱の要因として以下の三点を上げている：一．鉱山主とアセンダドはインディオの生産物と労働力を必要とした、二．ブルボン王朝に任命された役人と軍人が伝道村の管轄を主張した、三．ヤキが伝道村の根本的変化を要求した。それらの要因に加えて、ヤキ川の氾濫によって部族内に飢餓が蔓延したことが、反乱を誘発したと主張する。[17]　飢饉が起こると通常イエズス会は貯蔵した食糧を先住民に放出するが、今回は責任者のナポリ神父がカリフォルニアのイエズス会の伝道村に物資を送ったために配給する食糧がなく、ナポリは救済を求めたヤキを追い返した。ナポリの無慈悲な行為がヤキの襲撃と略奪を招いた。[18]　副王のラ・コンキスタ公爵は事態収拾を図るためイエズス会の助言に耳を傾け、反乱したヤキに恩赦を与え、ヤキ指導者の伝道村での公職復帰と奪われた土地・物品の返還を行政府に命令した。[19]　反乱はアウグスティン・デ・ビルドソラ司令官によって鎮圧され、一七四一年初頭には地域に平和が戻った。副王の命令はスペイン王室が先住民に対して寛容な姿勢で臨んだ好例である。植民地政府は植民者と先住民間に土地係争が生じたときには、中立的立場を維持し、ときには先住民側に有利な決定を下す場合もあった。

反乱の首謀者ムニとベルナルは副王に対して公共事業に対する労賃の支払い、鉱山での自由な労働、商業活動への参加を要望している。[20]　一七四〇年頃、ヤキは域内でのイエズス会の干渉を嫌い、域外での自由な労働を望んでいたことがわかる。急速に発展する辺境と人口過疎地帯における労働力の希少価値がヤキを自由な労働市場へ駆り立て、イエズス会の閉鎖的な伝道村を侵食した。一七四〇年の反乱以降、ヤキはイエズス会士の監視の下での「従順なインディオ」から自分たちで部族内のことを決定する「自律的なインディオ」へ変質した。

イエズス会が植民地国家内に半独立的共同体を建設したことに危機感を募らせた植民地政府は、ヤキのイエズス会支配に対する不満を利用してイエズス会の勢力を削ごうとした。それでもイエズス会の支配はスペイン王室から追放される一七六七年まで続く。イエズス会の追放後、ヤキは庇護者を失い、今度は新知事ビルドソラの植民地政策に身を晒すことになる。だが、ヤキはスペイン文化を自発的に受容することで自文化を保持した。馴化へ自発的に身を委ね、外部社会と距離を置きつつ植民地社会に適応する術を習得していた。(21) スペイン社会と直接対決する前に、その社会を評価し、自分たちの社会を再組織化する道を選択した。

第2節　独立以降の混乱期

植民地時代のヤキの大規模な反乱は一七四〇年の一度だけだが、一九世紀には断続的に反乱が勃発した。メキシコがスペイン王室から一八二一年に独立を達成し、植民地時代は終わるが、その翌年の一八二二年、ヤキ族はフアン・フサカメアを軍司令官に選出した。フサカメアは一八二五年、州政府によって軍司令官を解任されたことに端を発し、オパタ族と連合して武装蜂起した。フサカメアはソノラ州の先住民によって構成される連合国の結成を呼びかけ、その独立を宣言したのである。フサカメアはミゲル・イダルゴ司祭を真似て、聖母グアダルーペ像の軍旗を押し立てて進軍したので、ファン・バンデラス（旗）の異名で呼ばれた。またフサカメア（バンデラス）は、白人を打ち破りモクテスマ皇帝の王国を復活させるために聖母によって送り込まれたと喧伝し、モクテスマの正当な後継者と名乗った。バンデラスの反乱はメシア的性格を帯び、マヨ族とオパタ族と同盟して白人の殲滅を掲げていた点からカスタ戦争であると解釈される[22]。先住民たちはグアダルーペ聖母像を高くかざし、モクテスマの後継者を名乗るカリスマ的人物に盲目的に服従した。一八三一年公布のソノラ州憲法でヤキの自治権の制限とヤキ地域の植民の合法化が決定されたことに端を発し、一八三二年、バンデラスは再び武装蜂起したが、捕縛され翌年、処刑された[23]。植民地政府はヤキの内政にはほとんど干渉しなかったが、独立後のソノラ州政府はフサカメアの軍司令官就任に反対し、またヤキの自治権を制限した。このような行政の抑圧的姿勢がヤキの不信感を招き、政府と先住民間の軋轢を助長し、植民地時代の両者の協調的関係は崩れた。

バンデラスの功績は、外部の脅威に立ち向かうには部族の団結と白人との交渉力が必要であると部族の成員に教えたことである。またバンデラスはヤキの歴史上初めて唯一の指導者の下で訓練され、その司令官に服従する軍組織を確立した[24]。バンデラスがカリスマ的リーダーとして登場した背景にはヤキ社会の変容がある。ヤキはイエズス会追放後も分裂せずに八グループが政治的連合体を保持した。しかしその社会は変容していた。植民地時代末期から鉱山やアシエンダ（大農園）での賃金労働が顕在化した。自給自足的農業に従事するよりも多くの稼ぎが見込めたからである。農業と賃金労働を兼業する先住民世帯が一般的となった。その結果、伝統的共同体組織が緩み、階級社会も強固ではなくなった。グループの首長の権威は低下し、軍司令官職は世襲ではなく個人的資質に秀でた者が選出されるようになり、バンデラスが登場したのである。バンデラスが政府軍と抗戦する過程で、ヤキ社会は政府に反抗する者（レベルデ、武闘派）、政府と同盟する者（トロコヨテ、裏切者）、中立を守る者（マンソ、穏健派）の三グループに分化した。穏健派のなかには、鉱山やアシエンダで働き、食糧や武器を秘密裏に反乱者に供給し、間接的に反乱を支援する者が多かった[25]。

バンデラスの死後、ヤキは州内の権力闘争に巻き込まれた。保守派のマヌエル・マリア・ガンダラと自由主義派のホセ・ウレアは、州知事のポストを巡って熾烈な闘争を展開した。この政争においてガンダラはヤキの支援を求め、彼らの協力によって、一八三八年、政敵を下した[26]。だが、ウレアが権力を握ると、彼は一八四二年から一八四四年までヤキに対して攻撃の手を緩めず、多くの犠牲者を出した。しかし、ヤキに支援されたガンダラが一八四五年、州知事に復帰すると、ガンダラはヤキの土地の権利や自治権を認めたので、ヤキは一八五四年まで比較的平穏な日々を送ることができた。ガンダラはヤキ族を政争の道具に利用した最初の人物である[27]。

だが、安寧な日々も束の間で新たな敵対者が現れた。自由主義者のイグナシオ・ペスケイラである。一八五七年、フアレスを支持する自由主義者のペスケイラ大佐が知事に選出された。彼は一八五七年末、ガンダラ指揮下の保守派によって誘発された反乱軍と対決した。この反乱でヤキ族とオパタ族がガンダラを支援し、ヤキ族はガイマスを襲撃した。一八五九年のガンダラの反乱ではオパタ族のフアンとレフヒオ・タノリ兄弟率いるオパタ軍とヤキ族のディオニシオ・バルタサル率いるヤキ軍が同盟して戦ったが、ペスケイラ軍に敗れた。さらに反乱が続き、ヤキ族を含めた一二〇〇の兵はペスケイラ軍をグアシマスで破ったが、エルモシジョへ進軍中、政府軍に敗れ、アリゾナに逃亡した。一八五八年一〇月、ヤキ川とマヨ川の開拓のためにアラモスに評議会が建設され、インディオを監視するヤキ郡が設置された。一八五九年八月、ペスケイラ・コロニーがマヨ川領域に建設され、フランス干渉戦争の最中、灌漑事業が始まった。ペスケイラは自分の知己たちに土地の所有を認め、五年間、税金を免除し、人口増を条件に役人を任命する権利も付与した。(28) だが開拓計画は一八六五年、タノリ兄弟が率いた反乱によって中断した。マキシミリアン皇帝を支えるフランス軍の干渉は、ソノラ州の内紛を深刻化させ、ヤキはペスケイラ派とタノリ派の二派に分裂した。ペスケイラはフランス軍とその同盟者に対抗するためにヤキの兵士を含めた六〇〇〇の軍を編成したが、最も勇猛なヤキの山岳民たちはタノリ兄弟の影響を受けフランス軍を支持した。ヤキは戦闘が常態化する中で鉱山やアシエンダで労働力を売る者、軍に志願する者、山地に避難する者へ分かれた。陣営に関係なく先住民兵士は戦場で勇猛果敢に戦ったので、ヤキ共同体は傭兵の貴重な供給源と見なされた。あらゆる党派が権力掌握と政策実現のために先住民の支持と協力を求めた。一八六七年、マキシミリアンが処刑され、フランス軍が撤退すると、ペスケイラはヤキとの全面戦争に着手し、同年一〇月、ヤキとマヨに対して大規模な攻撃をしかけ、両部族を屈服させ、一八六八年末、和平協定を結んだ。

第3節　カヘメ（ホセ・マリア・レイバ）の反乱

中央政府と州政府の土地収奪に頑強に抵抗したのが、ホセ・マリア・レイバ、通称カヘメ（水を飲まない男）である。カヘメは一八三七年、ヤキ族のフランシスコ・レイバとファナ・ペレスを父母としてソノラ州のペシオウ（現在のエルモシージョ）に生まれた。幼い頃から、民芸品販売、農業、牧畜業に携わる人々の中で育ち、ガイマスへ移ってから自由主義者カエタノ・ナバロから教育を受けた。一八五四年、フランス人伯爵ガストン・ラウセー・デ・ブルボンに率いられたフィリバスター（外国での戦闘に不法に介入する者）が侵入すると、ホセ・マリア・ヤネス将軍指揮下の義勇軍に入隊し、侵入者を撃退した。一八五七年、自由主義憲法が公布され、改革派と保守派間での内乱が始まった。サンブラス大隊に召集されたカヘメは、改革の大義に呼応し、イグナシオ・ペスケイラ指揮下の自由主義派の軍に志願した。その後、シナロア州のマサトランに移り、自由主義派のパブロ・ラガルマ軍に入隊し、ピマ族、オパタ族、ヤキ族とともに保守派を打ち破った。一八六七年から一八六八年にかけて、反乱するヤキと対立するソノラ州政府軍側に参加し、その後も対ヤキ戦で活躍した。一八七四年、それらの戦功を評価され、州知事ペスケイラによってヤキの族長（アルカルデ・マヨル）に任命された[29]。彼の任務はヤキの武装解除と地域の和平化であったが、ヤキ共同体はカヘメが八グループを政治的に支配することに反対した。そこでカヘメは州政府軍の助けを借りてヤキの軍事指導者たちを殺害し、自身で最高族長であることを宣言した。しかし、殺害によって地域の政情が不安定化したために、州政府は彼の族長就任を撤回した。州政府の支援を失い部族からも追跡されたカヘメは、部族の有力な神官団に近づき、自己の生き残りのための交渉をした。カヘメがその軍事力をヤキのために提供するということで合意が成立し、カヘメは部族会議と神官団の意向に従うことを認めた。ヤキは州政府軍との戦闘という緊急性ゆえにしばしばカヘメとの協定を受諾した。カヘメにとってこの軍事職復帰は州政府に対する復讐の到来を意味した[30]。一八七五年、フランシスコ・セルナ将軍がペスケイラの知事としての正当性を否定して反乱を起こしたとき、カヘメは呼応して蜂起した[31]。カヘメ軍とセルナ軍の両軍との戦闘を強いられた政府軍はセルナ軍を鎮圧するためヤキ領域から撤退した。政府軍を撤退させたことで、カヘメの地位は強化された。

植民地時代、ヤキ族は八つのグループから構成されていた。各グループは土地所有権を認められたが、共通の共同体に帰属し、テマスティアン（神官）を宗教的核とする部族連合体を維持していた。カヘメは継承されてきた古いシステムを尊重しながらも、白人社会の軍事制度も導入した。各グループは自治権を保有していたが、全部族に関連する事柄は最高意思決定機関である部族会議で決められた。土地の共有権は個人所有権に優先し、社会生活の原則は組織によって決定された。これらのシステム変更は、相次ぐ戦乱で弱体化していた八グループの共有地制度の再編を促し、成員の政治への関心を高めた。部族会議を構成する役職者は全体の総意で決定されたが、宗教職は例外で、神官を志す者は若い頃から修行を重ね段階的に叙階を上っていった。カヘメは意思決定の迅速化を図るために部族会議の外に、旧組織を改組した三つの役職を置いた。政治は代官（ゴベルナドル）、司法は裁判官（アルカルデ）、軍事は司令官（カピタン）がそれぞれ担い、全員が各グループの評議会の総意で選ばれた。カヘメは選出された各代官に行政職を任せ、自分の忠実な部下にした。また宗教儀式や祭りを司るテマスティアン職を復活させ、その宗教的ヒエラルキーを復元した。カヘメはこれらの役職に加え、恒常的戦時体制に対応するために重要な改革として総司令官（カピタン・ヘネラル）職を設置し、自らが就任した。これらの改革によって、旧来の共同体の慣行が復活し、成員は割り当てられた土地でトウモロコシを栽培することが義務づけられた。貯蔵用の穀物倉、武器庫、故障した武器の修理所も設けた。また部族の財政も彼の担うところとなった。戦費を賄うため旅行者に対する通行税、領域内（陸・川）流通の商品に対する関税、塩田の開発税を設けた。この他にも地域市場での農産物や家内工業品（カーペット、椅子、綿布、毛布、帽子）の売買を促進した。得られた収入はブックラクマーケットや米国で武器弾薬の購入に充てられたが、旅行者や脱走兵からの押収品、アシエンダから奪った家畜も戦費に充てられた。(32) このような新しい税制の導入はヤキの歴史上、初めてのことであった。カヘメの大胆な部族内改革断行を可能にした一因は、彼が長年故郷を離れ外部世界を経験し伝統的部族社会に疎遠であったことである。(33)

一方ソノラの政界では権力の交代が起こった。ファレス派の知事であったペスケイラに代わり、一八七八年以降、ディアスの中央集権体制を支持するルイス・トーレス、ラモン・コラル、ラファエル・イサバルが台頭した。新興勢力はヤキ川とマヨ川の大規模開拓に乗り出した。州知事のトーレスは開拓者に土地を分配し、先住民を農業植民者にしようとした。ディアスはソノラに地理開拓委員会（CGE）を派遣し、測量した土地の分割を担当させ、灌漑施設を備えた開拓村の建設を推進させた。マヨ川流域では土地の分配に成功したが、ヤキ地域ではカヘメの反発で失敗した。カヘメは政府側に寝返った部下のロレト・モリナの処罰を要求したが、州政府はモリナの処罰を拒否したため、カヘメは一八八五年二月から接収した二二隻の船を焼却し、北のウレスから南のアラモスまでのアシエンダを攻撃した。政府軍が反撃したので、カヘメはエル・アニルに砦を築かせた。ゲリラ戦を得意としていたヤキ族には砦を築き、敵の攻撃に備えるという発想はなかった。政府軍は砦を攻略できず退却した。カヘメはエル・オンテメ、エル・ブアウタチベも要塞化したが、立て籠もるヤキは食糧と弾薬が不足した。一八八六年五月、雨季の到来とともに、天然痘が流行り、空腹と疲労で一部は投降したが、カヘメは降伏を拒否し山地へ逃れた[34]。ヤキ穏健派からの支援によってカヘメは逃亡したが、一八八七年、潜伏先のガイマスで密告により捕縛され、ココリット近郊のクルセス村で銃殺刑に処せられ、五〇歳の生涯を閉じた。

捕虜となったカヘメと対談した、後の州知事ラモン・コラルはカヘメの印象を回顧録の中で以下のように語っている。「筋骨逞しいインディオを想像していたが、実際のカヘメは痩身で、慎ましかった。その理由を尋ねると、潜伏しながら食べるものもなく、眠る時間もなく山野を彷徨することは快眠・快食の日々とは全く違うと、自嘲気味に答えた」。コラルはおよそ一〇年間、ヤキ族とマヨ族をほぼ完全に掌握したカヘメの指導力と過酷な自然条件のなかでひもじさに耐えるヤキ族を称賛している[35]。

カヘメは、メキシコ人同士が内紛に明け暮れている間に、内部の活性化を図り、伝統的ヤキ社会を復活させた。カヘメの基本的戦略は、伝統的領域を超えてヤキの領域を伸長することではなく、ヤキに正当に帰属すると要求してきた自治を強化し、保持することである。それ故、カヘメの立ち位置は本質的に防衛的である[36]。ディアス政権を支持するソノラの政治家とアセンダドが結束してカヘメが確立したヤキ自治領域を浸食したことが、カヘメの反乱の引き金となった。ヤキは政府軍を後ろ盾に土地を侵食するアセンダドに追い込まれ、反乱を余儀なくされた。政府とアセンダドの緊密な同盟の前に孤立した先住民が生存をかけて戦った構図が浮かび上がる。

第4節　ディアス政権下のソノラ州開発

一八五六年、教会や先住民共同体などが保有する土地を個人所有者に転換させる目的で制定された「永代所有財産解体法」（レルド法）とともに一八八三年公布の「拓殖法」はメキシコの農地構造を一変させた。この法律は所有権の不明な荒蕪地を測量し、土地所有者の登記を促進することにあったが、測量会社に測量した土地の三分の一が無償で譲渡されたために、権力者と外国人による土地寡占化の原因となった。実際は先住民の土地でありながら荒蕪地と宣言された土地は共有地保有者の権利として三分の一の保有は認められたが、残りの三分の二は国家所有となり、近隣の大土地所有者に転売された[37]。また、一八九二年に「鉱山法」が成立し、鉄道網の発達も追い風となり、メキシコの鉛、石炭、銅、グラファイトの米国への輸出が増大した。「鉱山法」の公布によって植民地時代から継承されてきた、「地下資源は国家に帰属する」という伝統的な所有概念が変更され、国家は地下資源の唯一の所有者であることを止め、外国人を含む個人にも地下資源の開発権が譲渡されたのである[38]。

一八八九年、測量士ガルシア・ペニャ大佐が率いるソノラ科学委員会が創設された。度重なる戦闘で無人化したヤキ河岸は東から西にココリット、バクム、サンホセ、トリム、ビカム、ポタム、ウイビリスに区分化された。これらの区分地域は三～四ヘクタールの一〇〇ロットからなる五区画に分割され、白人と先住民に一世帯当り一・五ロットが分配され、住居用の敷地とセットで付与された。当初、小規模自営農民のコロニー建設が目的であったが、徐々に土地投機の対象となり、また、軍人たちに戦闘参加報酬として付与された土地も増加し、大農園が生まれた。ウイリビスに一万五〇〇〇ヘクタールの区画を獲得したロレンソ・トーレス将軍はそれをガイマスのサルスベリ社に売却し、サルスベリ社はカリフォルニアの農夫たちに転売した。さらにトーレスは、ラウム・コロニーも占拠し、ガムチル農園を獲得した。また、大地主のカルロス・コナントは、一八九〇年、政府からヤキ川とマヨ川流域に五〇万へクタールの土地開発権を獲得し、ニューヨーク資本と提携してニュージャージー州にソノラ・シナロア灌漑株式会社を設立した。その開発権には、入植者から収穫の八分の一を徴収する権利と川水の三分の二を利用できる水利権が含まれ、その代わり入植者に水を供給する義務を負った[39]。だが、運河は一三キロしか建設できず、収穫の八分の一を住民から徴収できなかったために、徴収は金銭で行われるようになった。その後、ニューヨークの投機家はヤキの攻撃と建設の遅れから撤退し、それをソノラの資本家が代替した。一九〇一年、運河建設はヤキの反乱と土木工学上の問題により失敗に終わり、資本家たちには土地で清算された[40]。

ディアス時代のソノラ州最大の土地開発プロジェクトはリチャードソン建設のものである。リチャードソン社はロサンジェルスに本部を構え、破産したソノラ・シナロア灌漑株式会社の不動産と灌漑施設を購入し、ニューヨークとソノラのエスペランサに事務所を開設した[41]。ヤキ地方に一七万六〇〇〇ヘクタールの土地を入手し、三〇〇〇万ドルを投資して一秒間五万五〇〇〇リットルが利用可能な灌漑施設を建設した。リチャードソン社は効率性を重視し、厳格で貪欲な合理的精神でビジネスを行った。同社の開発によってヤキ流域に白人の入植地帯が広がった。だが、同社は入植者との契約を履行しないばかりか自社の利益になる事業しか実行せず、植民者に恩恵を与える事業を放棄した。そのため小規模農民は同社の運河を分岐したり、塞いだりして、利益を守った[42]。

一八七六年、大統領に就任したディアスが目指した近代国家というものは、農業、工業、貿易、交通機関への外資導入によるメキシコ新国家の建設であり、それは欧米先進国を模範とする資本主義的近代化であった。ディアスを支える官僚たちは、実証主義と社会ダーウィニズムに心酔し、「進歩と秩序」をスローガンに、国家の近代化に邁進した。資本主義的近代世界へ参入するには、政治的に中央集権的で文化的に均質な国家を必要とした。その統合化の過程で、全国各地に残存する多様な先住民社会は中央の国民文化に同化を迫られ、民族的差異は漸進的均質化の前に消滅の危機に瀕した。

国家統一を推進する手段として、未開で野蛮な社会と文明化された上位社会との対決の構図が描き出された。ディアス政権は〝後進的な〟先住民社会の同化を試みたが、ヤキが執拗に抵抗すると彼らをソノラ州から駆逐しようとした。ソノラ州の政治家や経済人はヤキを経済発展の阻害要因と見なし、連邦政府と協力してヤキの殲滅を計画したのである。ヤキ渓谷の戦争と開拓に参加したマヌエル・バルバスは、「獰猛で頑迷なインディオよ。お前たちの人種が消滅したくなければ、人類史から永久に消えたくなければ、進化し、文明化しろ。鷲や野獣のように追い詰められて絶滅されたくなければ、抗しがたい進歩に（順応し、）お前たちの殲滅の口実を与えるな」と警告している(43)。

第5節　テタビアテ（フアン・マルドナド）の反乱

カヘメという卓越したリーダーを失うと、ヤキの結束は弛緩し、白人の侵入に対する抵抗が弱体化したが、水面下では新たな反乱の芽が生まれようとしていた。そして新しいリーダーが現れた。カヘメの部下であったフアン・マルドナド、通称テタビアテ（石をひっくり返す男）である。テタビアテは約四〇〇名のヤキ兵を率いていたが、一五～三〇人の兵士で構成される小隊で奇襲攻撃を行っては、バカテテ山地に逃げ込む戦法を取った。敵を急襲して即座に逃亡する「ヒット・エンド・ラン」という典型的なゲリラ戦法である。百戦錬磨の少数部隊が多勢な正規軍を悩ます効果的な戦法である。どこからともなく現れて、正規軍に打撃を与え、瞬く間に逃走するテタビアテ軍に州政府は手を焼いた。ゲリラ戦法が功を奏したのは、テタビアテの個人的能力に負うばかりではない。カヘメが築き上げた政治・軍事・財政・生産・商業システムは崩壊したが、それまでに構築された武闘派（マンソ）と穏健派（レベルデ）間の協力関係が存続していたからである。穏健派はアシエンダや鉱山で働き、武器や食料を武闘派に供与した。ヤキの中には戦時には闘い、平時にはアシエンダや鉱山で働き英気を養う者もおり、武闘派と穏健派を截然と線引きはできなかった。武器の供給に関してはガイマスの武器商人たちが暗躍した。彼らはヤキに戦争を継続させるために穏健派を介して武器を供給する一方で、政府軍にも武器弾薬を販売し大儲けした。[44] 一方ヤキの労働力を当てにするアセンダドと鉱山主は反乱者を匿い、生活必需品や武器を供給した。元来、人口過疎地のソノラの労働力は、戦乱により犠牲者が増え、さらに越境してアリゾナへ避難するヤキが相次いだことで一層減少した。[45] また州北部の鉱山開発と鉄道建設は、喫緊の労働力を必要とした。[46] アセンダドは、労働力が逼迫し賃金が上昇する労働環境でヤキ農民を引き留める必要があった。[47] メキシコの他地域で一般的であった、政府とアセンダドが連携しインディオと対立する構図が、ヤキ地域では労働力確保という特殊な事情から必ずしも成り立たなかった。

州政府は一八九二年、平定の糸口を探るため、ディアスの助言に従い、アシエンダやランチョで働くすべてのインディオのリスト作成に着手した。雇い主は不本意ながらもインディオの管理をせざるを得なかった。穏健派を識別するためのパスポートが作成された。書類のないヤキはすべて反乱分子と見なされた。だが、トーレス、コラル、イサバルの三頭政治の抑圧的政策は、ヤキを労働力とするアセンダドの利益を阻害したので、しばしば彼らはヤキの動向を報告せず、ヤキの平地から山地への移動を黙認した。雇い主の多くは、良質な労働者を失う危惧から政府のヤキ探索計画に好意的ではなく、逃亡を幇助する者まで現れた[48]。一部のアセンダドとヤキは労働力を介して強固に結びついていた。

一八九六年末、膠着状態を打開するために、フランシスコ・ペイナド大佐はテタビアテとの和平交渉を始め、一八九七年一月、ルイス・トーレス将軍はテタビアテとオルティス休戦協定を結んだ。ヤキは恭順する代わりに合法的に土地、食糧、家畜が与えられ、テタビアテはメキシコ軍予備兵の隊長となった。ヤキ夫婦に三・五ヘクタールが、ヤキ成人男子に一・〇ヘクタールが、ヤキ未成年者に〇・五ヘクタールが、敷地と共に付与された。州政府はオルティス協定によって自営農民創設を重視したようにみえるが、実際はヤキの伝統的生活様式の破壊と集団的労働制度の崩壊を狙った[49]。ヤキは一八九九年七月、バクムとビカムで再び武装蜂起した。州政府がオルティス協定で約束した、ヤキ流域からの軍の撤退と自治権の付与を一向に実行に移さなかったからである。政府軍の攻撃に対してヤキの三〇〇〇人はバカテテ山地のマソコバ台地に立て籠もった。一九〇〇年一月一八日早朝、政府軍の総攻撃が開始され、戦闘は日没まで続いた。次第にヤキの戦士たちは追い詰められ、降服を潔しとしない者たちは断崖から身を投げた。戦場には四〇〇人の死体が残された。一〇〇〇人以上の捕虜のほとんどは女と子供であった。政府軍側には五四名の死者と一二四名の負傷者が出た[50]。テタビアテは一九〇一年七月、戦死したが、彼の忠実な部下であったイグナシオ・モリ、ルイス・マッス、ルイス・エスピノサはバカテテ山地に立て籠もり、小隊を率いて州政府に抵抗を続けた。一方、ルイス・ブレ、リノ・モラレス、フランシスコ・ウルバレホに率いられたヤキは、トーレス将軍の和平提案を受け入れ、食糧、衣服、家屋用の土地を提供された。また軍務にも服し、約五〇〇名が連邦予備軍に入隊した。[51] テタビアテの反乱勃発の原因は、アセンダドの土地拡張要求に応えた政府軍がヤキの領域に駐留しヤキの自治権回復を履行しなかったからである。政府とアセンダドの同盟を前にして孤立したテタビアテは、部族の命運をかけた絶望的な反乱に突き進む道しか残されていなかった。

政府は頑なに抵抗を続けるヤキをソノラから追放する決定を下し、捕虜となったヤキを年齢・性別を問わず、オアハカ州のバジェ・ナショナルとユカタン半島へ奴隷として売った。この追放計画はソノラ州知事のルイス・トーレス、副大統領のラモン・コラル、ユカタン州知事兼勧業省大臣のオレガリオ・モリナの三者間で策定された。モリナはユカタン州最大のアシエンダを経営し、エネケン栽培で成功していた。このメキシコの南北間契約が取り交わされたのは、政府に反抗する者の排除と安価な労働力の獲得というソノラ、ユカタン、連邦政府の政治家たちの思惑が一致したからである。異分子を排除し繁栄するエネケン産業へ労働力として供給する計画が中央の権力者、軍人、モノカルチャー経営者を結合させた。[52] ディアスは、捕らえられた場所にかかわらず男、女、子供は全員、ユカタンに追放を命じ、五〇〇〇人のヤキ族（マヨ族、パパガノ族、オパタ族も含む）が故郷を追われた。[53] 三年半の間に一万五七〇〇人がユカタンの農園に送られた。インディオ一人当たり、六五ペソで売られ、その内、船積み責任者のフランシスコ・クルス大佐には一〇ペソの手数料が入り、残りは国防省の収入となった。インディオが残した土地、家、家畜もソノラの軍人の所有となった。[54]

一八九〇年代に捕虜となったヤキはマンサニジョやサリナ・クルス経由でオアハカのバジェ・ナショナルのタバコ農園に送られた。ユカタンへの輸送は、ルイス・トーレスが司令官として指揮したマソコ

図6　1910年頃のソノラ州

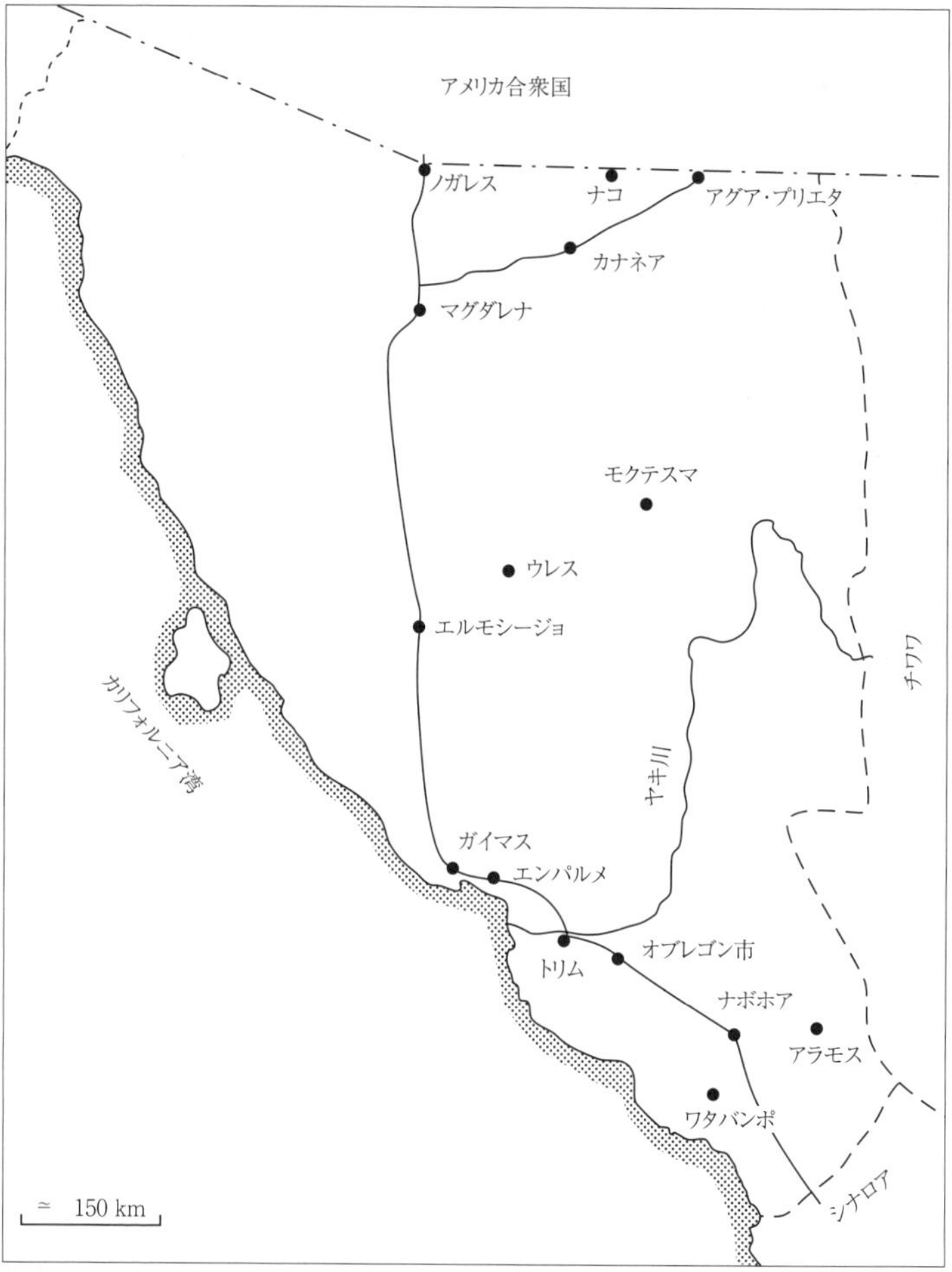

出典：Gouy-Gilbert, p. 113

バ虐殺以降の一九〇〇年代に始まった。[55]〝移住契約〟（平定過程で残忍なテタビアテの敵対行為で捕虜となったヤキにアシエンダで仕事の提供）は、一九〇〇年六月、勧業省とカンペチェ出身の企業家マヌエル・デ・アリグナガ・イ・グティエレス間で結ばれた。強制移住は一九〇二年から一九〇八年まで断続的に実施された。一九〇八年二月にはユカタン半島に二五〇〇〜三〇〇〇人のヤキが居住し、一九一一年には五〇〇〇人に達し、バジェ・ナショナルより人数が多かった。[56]だが、メキシコ革命が勃発しディアス独裁体制が打破されると、次第に帰郷するヤキが増えた。二〇年代まで続く帰郷者の増加はエネケン相場が一九〇九年に急落したために、ユカタン州のアセンダドがルネロ（ペオン＝アシエンダの農業労働者）を必要としなくなったことも影響している。追放政策は、戦闘による混乱、エネケン農園の労働力不足、ヤキという厄介な存在など、国家が抱える様々な問題の解決策となった。帰還希望者の多くは故郷に戻ることなく、革命戦争で徴兵された。たとえ帰郷が叶っても生まれ故郷では、〝ユカタン・ヤキ〟と蔑称され、歓迎されず疎外感を味わった。[57]

第6節　メキシコ革命後のヤキ族

メキシコ革命の勃発でディアス独裁政権は倒壊し、メキシコ社会は新たな混乱に陥った。この政治的騒擾はヤキへ影響を与えずにはいなかった。ヤキはディアスの強圧的政治から解放されたのも束の間、革命勢力間の抗争に巻き込まれた。一九世紀のメキシコの政争に翻弄され、すでに分裂していたヤキは二〇世紀初頭のメキシコ革命によって四分五裂した。革命期にヤキと深く関わりをもつ政治家はホセ・

マリア・マイトレナである。マイトレナ家は一九世紀初めからヤキ地域北部からガイマスにかけて八つのアシエンダを経営するソノラの素封家であった。[58] アラルコンは、マイトレナ家が所有する土地面積は七万三三二三ヘクタールでその不動産価値は六二万六六二八ペソと見積もった。[59] ホセ・マリア・マイトレナは、ペオンに対して思いやりがあり慈悲深いパトロンとして、地域のインディオからは慕われていた。[60] ヤキがバカテテ山地とガイマス盆地へ出入りするにはマイトレナ家が経営するアシエンダ、ラ・ミサを通過しなければならなかった。ラ・ミサはこの地域で最大のアシエンダで、ここで働くヤキも多かった。また、政府軍に追われたヤキがしばしば匿われた。[61] マイトレナ家は、自由主義者ファアレスに支持されたペスケイラや独裁者ディアスに支持されたトーレス、コラル、イサバルが強硬なインディオ平定策を進める中、インディオの窮状を理解し家父長的愛情を示したアセンダドであった。ディアス派と対立してヤキを庇護したマイトレナ派のアセンダドとしてフランシスコ・モラレス、アントニオ・ノリエガ、カルロス・マイトレナ、ビクトル・アギラル、フランシスコ・セルナが挙げられる。[62] マイトレナ一族はソノラの名門家系であったが、ディアス政権が推進する中央集権的政策に反対し、ソノラで指導的政治勢力にはなり得なかった。その理由として、マイトレナ家がソノラの地域経済と伝統的アシエンダ経営に重きをおき、中央政府が展開する米国を視野に入れたグローバルな経済圏構想と資本主義的近代農業に対応できなかったことが挙げられる。だが、一九一〇年、フランシスコ・マデロが暫定政府を米国で打ち立て、ソノラの代表にホセ・マリア・マイトレナを任命したことで、マイトレナの存在感が一挙に高まった。ディアス派に排除され冷遇されていたマイトレナは「民主主義と再選反対」のスローガンを掲げるマデロの登場を失地回復の絶好の機会と捉えた。一九一〇年五月、マイトレナは暫定知事に就任し、その後一九一一年九月、選挙で知事に選出された。(63) 一九一一年五月、ディアスはフランスに亡命し、同年一一月にマデロは大統領に選出された。マデロはソノラ遊説中ヤキ族と会談し、革命支援の見返りに土地返還の約束をした。その結果、多くのヤキがマデロを支持した。モリ、マツス、エスピノサに率いられた六〇〇名とシバラウメの五〇〇名がマデロ軍に参加した。だが、ブレ、モラレス、ウルバレホが指揮する残りの五〇〇名はディアス派のトーレス指揮下の連邦軍に与して、革命の流れを阻止しようとした。革命初期にヤキはマデロ派、親ディアス派に大きく分裂した。だが、その後、親ディアス派のブレ、モラレス、ウルバレホは革命軍の新しいリーダーである、護憲派のオブレゴンに加担した。各リーダーたちは土地、自治権、武器援助などの便宜を図ってくれるメキシコ人の政治家や軍人を個別に支持した。ヤキはイデオロギーにはあまり関心がなく、ある意味傭兵化していたとも言える。

マデロとマイトレナがヤキに提案した土地の返還と自治権の復活は、革命戦争の混乱でなかなか進捗しなかった。そのためヤキは不満を募らせ、ヤキ川流域を占拠した。ヤキとの和平交渉が容易に進展しないことを憂慮したマイトレナは、ヤキの指導者たちに首都でマデロとの会談を提案した。そして一九一一年九月一日、マデロとヤキ代表団の間でタクバヤ協定が結ばれた。この協定の骨子は、一．ヤキ川流域の国有地を政府資金で開発し、耕地化するヤキに日給一ペソを支払うこと、二．耕地と運河が開かれた場合、各世帯に三ヘクタール、成人には男女を問わず二ヘクタール、未成年者には一ヘクタールが分配されること、三．各グループの領域内に学校と教会を建設すること、四．連邦・州政府の承認の下、ヤキのリーダーを選出できること、五．意見の相違は武器ではなく裁判で解決することという五点である。だが、政府が約束した土地はヤキが必要とする土地の三分の一に過ぎず、しかも州内で最も痩せた土地であった。[64] マイトレナはヤキの反乱を鎮めるにはヤキに土地を返還するしかないことを理解していたが、政府には必要な土地を購入する財力も接収する政治力もなく、タクバヤ協定は空手形に終わった。マイトレナはヤキとの関係を農園主とペオンという家父長的なものと考えていた。マイトレナはヤキが武器を置くことを条件にヤキ川流域の土地の一部の返還と自治権の付与を念頭においていたので、土地の全面的返還を要求するヤキとは最終的に相いれない関係であった。[65] 一方ヤキの研究者パディジャは、マイトレナとヤキ族の関係はそれほど家父長的な性格のものではなく、状況的ものだったと考察している。マイトレナは社会的混乱の解決法の一つは、ヤキの米国への移住と考えていたことをその理由に挙げている。[66] しかし、ヤキの過半がマイトレナを支持したのは、峻烈にヤキを討伐するディアス派の政治家や護憲派のオブレゴンに比べて、少なくとも温情的政策を実施したマイトレナに共感を抱いたからである。マイトレナの政治的判断が錯綜したために日和見主義、優柔不断の批判を受けるが、[67] それは彼が良家の二代目という恵まれた環境に育ったことも関係しているであろう。

その後、革命はビクトリアノ・ウエルタが一九一三年、マデロを暗殺したことによって、さらに混迷を深め、ソノラではアルバロ・オブレゴンとエリアス・カジェスが台頭し、彼らとチワワのフランシスコ・ビジャが対決する。マイトレナはオブレゴン、カジェスと袂を分かちビジャと同盟を結んだためにヤキは両陣営の対立で二派に分裂した。一方、一切の妥協を許容しないルイス・エスピノサは、マイトレナが一九一五年、米国に亡命した後も、オブレゴンと闘い続けた。オブレゴンは一九二六年、土地返還を求めて武装蜂起したヤキを二万の兵と空爆で制圧した。これがヤキの最後の抵抗であった。一九三七年、カルデナス大統領はヤキ地域にエヒード（共有地制度）を導入し、ヤキ川右岸の耕作地の付与とアンゴストゥラ・ダムから灌漑に必要な水を供給することを約束した。だが、その後、メキシコの北部では資本集約型の商業的農業政策が振興され、労働集約型の農業は廃れた。その結果、ヤキの良質で廉価な労働力は歴史上、初めてその価値を失った。また、ダム建設でヤキ川の水流が変わり、自然洪水は起こらなくなった。水資源を奪われたヤキは水を購入するために国立エヒード信用銀行から融資を受けた。銀行は融資の見返りに商品穀物の作付を条件としたので、ヤキの伝統的自給自足的農業は衰退した。(68)

結び

本章は植民地時代にアセンダドと先住民の調停役を果たしていた政府が、独立以降、アセンダドと結託したことが農民の反乱を誘発した、という仮説について実証研究を行った。他地域と異なり、ヤキ地域では植民地時代に政府に代わり白人植民者からヤキを庇護したのはイエズス会であった。他地域の修道会の先住民庇護は一六世紀には効力を発揮したが、一七世紀以降は植民地政府の先住民平定政策と在俗教会の進出によって修道会は徐々に勢力を失った。だが、北部辺境地帯のソノラでは、植民化の遅滞と先住民の過疎によってアシエンダの形成が遅れ、イエズス会が活動する余地が十分にあった。植民地時代、ソノラのヤキ領域では、イエズス会が政府の代替機構として調停機能を担い、伝道村を介してスペイン人入植者と先住民の軋轢を緩和した。

独立以降はヤキ族、マヨ族、ピマ族、オパタ族が白人の土地強奪に対して断続的に反乱を起こし、部外者の侵入を食い止め、特にヤキ族は土地と自治権を維持できた。バンデラス、カヘメ、テタビアテ等の先住民指導者が率いた頑強な抵抗が、白人の侵入を阻止した点がソノラの特徴であろう。だが、これらインディオ領袖の抵抗にもかかわらず、ファアレス自由主義政権の誕生とともにインディオ共有地の土地自由化政策が強化され、ディアス政権では、米国の経済圏に組み込まれた資本主義的近代農業が推し進められた。連邦政府と州政府は土地の拡張を望むアセンダドの要望に応え、敵対するヤキの反乱をすべて鎮圧して、ヤキから奪った土地を国内のアセンダドや外国人投資家に売却した。またこれらの押収された土地は政府要人と軍人にも分配され、新たなアセンダドを生み出した。近代化政策によって、国家の統一を進める政府と経済的発展を欲するアセンダドの利害が、インディオの排除という点で一致した。アセンダドとインディオ間の土地係争に関して調停役を果たすべき政府はアセンダドに与し、ヤキに対する苛烈な戦闘をしかけたので、紛争解決の手段を失ったヤキは武装蜂起せざるを得なかった。

しかし、ソノラでは中央政府が展開する米国を視野に入れたグローバルな経済圏構想と資本主義的近代農業に賛同できない、マイトレナのような一部のアセンダドとヤキ間の協調関係が見られた。その原因は北部乾燥地帯における労働力不足である。伝統的な集約的農業に執着するアセンダドは、貴重な労働力であるヤキと敵対することは許されず、むしろ彼らの後ろ盾となり連邦・州政府のヤキ殲滅作戦に抵抗した。ヤキ地域では労働力不足という特殊な事情によって、伝統的アセンダドとインディオの対立関係は成立しなかった。

（1）「ヤキ」という名称は、彼らの領域名ヤキミが語源と思われるが、ヤキミに住む先住民自身は「ヨレメ」（人）と自称し、侵入者の白人のことを、「ヨリ」と呼んでいた。史料には「ヨレメ」と「ヤキ」という用語が混在するが、本書では混乱を避けるために通称名の「ヤキ」を用いる。また、ヤキ族はココリット、バクム、ビカム、トリム、ポタム、ラウム、ウイリビス、ベレムの八グループから構成される総称である。ヤキ八グループの領域は、現在のソノラ州南部のオブレゴン市一帯に広がっていた。Gámez Chávez, p. 1. 猶、本章で「ヤキ族」という用語を使う場合は、ヤキ族のエスニック性を強調したり、あるいは、他部族との差異化を図るときである。それ以外は「ヤキ」という用語を使用する。

（2）Turner. ターナーは捕虜となったヤキ族の老若男女がユカタン半島のエネケン農園とオアハカのタバコ農園に奴隷として売られ、悲惨な生活を強いられる状況を公表することで、ディアス政権の無慈悲な先住民政策を告発している。

（3）Velasco Toro, p. 1.

（4）Aguilar Camín（1977）, p. 594.

（5）Tutino, p. 103. 一九世紀のメキシコにおける農民反乱の激増の原因は、アセンダドによる土地強奪、人口増加による土地不足、レルド法施行による土地喪失、白人と先住民間の人種対立の四要素と言われている。だが、植民地時代にアセンダドを牽制し、農民を擁護した政府が独立以降、アセンダドと結託し農民と対立したことも一因である。スペイン王室はアシエンダや鉱山を経営するクリオージョの経済力を警戒し、国王の臣下であり且つ納税者である農民の保護に努めた。

（6）Ortega Noriega, p. 145.

（7）Gouy-Gilbert, p. 33.

（8）Figueroa, p. 74.

（9）Hu-DeHart（1988）, p. 143.

（10）Gouy-Gilbert, p. 42.

（11）Ortega Noriega, pp. 143-144.

（12）Ibid., p. 140.

（13）Hu-DeHart（1988）, p. 144.

（14）Figueroa, p. 69.

(15) Archivo General de la Nación, Archivo Histórico de Hacienda, leg. 17, exp. 2, f. 8. 一七四〇年七月一六日、イエズス会士フアン・トバルの報告書。
(16) Ibid., leg. 282, exp. 15, f. 26. 一七四三年一二月五日、イエズス会院長マテオ・アンサルドから副王ペドロ・セブリアン・イ・アグスティンへの報告書。その後、知事のウイドブロは逃亡罪で罷免された。
(17) Hu-DeHart（1988）, p. 144.
(18) Ibid., p. 150.
(19) AGN. General de Parte, v. 33, exp. 34, ff. 29–30, 一七四〇年七月一三日。AGN. Bandos, v. 3, exp. 19, ff. 206–207, 一七四〇年一〇月一日。
(20) Figueroa, p. 77.
(21) Gouy-Gilbert, p. 52.
(22) Hernández Silva, p. 87. ファン・バンデラスは一八二六年の「宣言」の中で、「モクテスマ王の王位を奪回し先住民国家を建設するために聖母グアダルーペによって遣わされた。ガチュピン（スペイン人の蔑称）たちに奪われた土地、金銭、物品を取り戻したい者はわが軍に参加せよ」と先住民に呼びかけた。
(23) Figueroa, p. 90. フィゲロアは、バンデラスの蜂起の原因をアパッチ族討伐への強制徴兵と政府がヤキのファン・マリア・フサカメアを軍司令官候補として承認したことであると主張する。
(24) Florescano, pp. 308–309.
(25) Figueroa, p. 94.
(26) Hernández Silva, p. 96. ヤキは州内の寡頭政治家同士の政争を利用すれば、自分たちの権利を保持・拡大できることに気づいた。
(27) Gouy-Gilbert, p. 58.
(28) Ibid., pp. 63-64.
(29) Ibid., pp. 70-71. グイ・ジルベールによれば、一八七六年、カヘメはコナントの反乱を鎮圧した功績で部族長に任命された。

(30) Gámez Chávez, pp. 13–14.
(31) Aguilar Camín（1977）, p. 52.
(32) Velasco Toro, pp. 8–9.
(33) Hu-DeHart（1984）, p. 116.
(34) Corral（1891）, pp. 358–360. ラモン・コラルはソノラ州知事（一八八七—一八九一、一八九五—一八九九）を務めた後、ディアス政権で副大統領（一九〇四—一九一一）に就任した。彼の著作「ソノラ州政府の回顧録」と「歴史大全」は一九世紀末のメキシコ政治とヤキの歴史を語るうえで貴重な一次史料である。
(35) Corral（1959）, p. 190.
(36) Hu-DeHart（1984）, p. 94.
(37) 植民地政府は、公共の広場を含む居住区（フンド・レガル）、共同耕作地（ティエラ・コムン）、山林、牧草地、遊休地（エヒード）をインディオ共同体に帰属する不動産と認めていたが、ディアス政権は山林、牧草地、遊休地から構成されるエヒードを荒蕪地としてしばしば接収した。
(38) Gámez Chávez, p. 12.
(39) Velasco Toro, pp. 13–15. Corral（1891）, p. 559. 入植者に付与された土地数は四一〇、耕地数は四五九である。
(40) Aguilar Camín（1977）, p. 69. 出資者たちの受け取った土地は以下のとおりである：コナント、二万六〇八四ヘクタール、ホセ・マリア・パラダ、一万三四〇七ヘクタール、ヘスス・サラサル、一四〇〇ヘクタール、アルビノ・アルマダ、二五〇〇ヘクタール。
(41) Velasco Toro, p. 23.
(42) Aguilar Camín（1977）, p. 76.
(43) Balbás, p. 51.
(44) Padilla Ramos, p. 48.
(45) El Monitor Republicano, 30 de septiembre de 1874. 米国政府は避難してきたヤキに土地を与え、「野蛮なインディオ」の定住化に成功していると報道している。

（46） Aguilar Camín（1977）, p. 70. Almada Bay, p. 35. 一八九五年の人口調査によれば、州の総人口一六万三三〇人のうち、使用言語別にカイタ語（ヤキとマヨ）二万六七九五人、オパタ語七三人、パパゴ語六五〇人、ピマ語一五五人、セリ語四人と記録され、カイタ語使用者は全体の約一七％を占め、ヤキとマヨの先住民労働力としての重要性が浮かび上がる。

（47） Hu-DeHart（1988）, p. 159. 一九世紀半ば、ソノラのアシエンダで働くインディオは月額五〜八ペソの俸給と一週間ごとに食糧となるトウモロコシの配給を受けていたが、これでは満足な生活を送るには不十分で、アセンダドから借金をするか、逃亡するしかなかった。Turner, p. 111. 二〇世紀初頭、メキシコのアシエンダのペオンの報酬は日給二五〜五〇セントであったが、金銭では支給されずアシエンダが発行する引換券で支払われたためにペオンはアシエンダ内の掛け売り店で引換券を使用せざるを得なかった。

（48） Gouy-Gilbert, p. 85.

（49） Ibid., p. 92. 州政府はヤキに家畜、種、農器具を与え小規模自営農民化を促進したが、恩恵に浴したのは四〇家族に過ぎなかった。

（50） Hu-DeHart（1984）, pp. 142-143.

（51） Gouy-Gilbert, p. 99. 一九〇九年六月のピタアヤ会談でヤキ内部の分裂は決定的となった。

（52） Hu-DeHart（1984）, p. 151. フー・デハートは、追放の他要因として子供たちに白人への憎悪を植え付けるヤキ家族の解体を挙げている。

（53） Turner, pp. 50-51. ユカタンの農園でインタヴューを実施したターナーの「ヤキか？」という問いかけに対して、インディオのひとりは、「われらはピマやオパタだが、トーレス将軍は浅黒い肌のもの、私のような身なりのものはすべてヤキと見なす」と答えた。

（54） Gouy-Gilbert, pp. 96-97. 三年半で、クルスは一五万七〇〇〇ペソ、国防省は八六万三五〇〇ペソを稼いだ。

（55） Padilla Ramos, p. 40.

（56） Ibid., p. 42.

（57） Ibid., p. 131.

(58) Aguilar Camín (1975), p. 46. マイトレナ家は八つのアシエンダ、サンタ・マリア、サン・アントニオ、エル・カウティボ、エル・レパロ、ラス・メルセデス、ラス・テルモピラス、エル・パロ・ベルデ、ラ・ミサを所有していた。

(59) Alarcón Menchaca, p. 103. マイトレナ家は農園以外にも鉱山（銀・銅）を所有していたが、商業活動にはほとんど関心を示さなかった。

(60) Gouy-Gilbert, p. 107.

(61) Corral (1891), p. 364. ラモン・マイトレナはプエブリト・アシエンダに逃亡ヤキを匿い、妻、二人の息子とともに逮捕された。

(62) Padilla Ramos, p. 69.

(63) Almada Bay, p. 26. 知事選挙の結果は二万三六一一票（マイトレナ）対一五六票（他の候補者たち）の圧勝であった。

(64) Alarcón Menchaca, pp. 263-264.

(65) Henderson, p. 178.

(66) Padilla Ramos, p. 53.

(67) Gouy-Gilbert, p. 135.

(68) Hu-DeHart (1984), p. 218.

終章

カスタ戦争（撮影：著者）
普段、農作業に使われるマチェテ（山刀）の刃は重税と賦役を課す圧政者に向けられた。メリダのユカタン州庁舎回廊の壁画。ユカタンの画家、フェルナンド・カストロ・パチェコ作。

反乱のメカニズム

最後に本書のまとめとして四つの反乱の地域別特徴に注目し、反乱のメカニズムについて触れておきたい。一．エスニック性、二．カトリック教、三．土着宗教、四．政府の統治力、五．地理的条件、六．軍事力、七．リーダーシップの七変数を選び、各変数が反乱の持続性に与えた影響度を強い、普通、弱いの基準に依拠して、以下の表を作成した。エスニック性とは、先住民性と同意で、先住民の反乱への数的時間的関与度を示す。先住民社会で征服以前から信仰されていた土着宗教と征服後に広まったカトリック教は両宗教が習合された場合もあったが、それぞれが先住民反乱に与えた独自の影響力を考慮して宗教という枠で一括りにはせず、二変数に分けた。政府の統治力はレルド法の施行の度合いによって計る。政府の統治力が高ければ、先住民共同体に帰属する土地の私有地化を目的とするレルド法は迅速かつ徹底して実施され、影響度は強くなる。地理的条件は、首都から反乱発生地域までの距離と戦場の自然環境を指す。首都から離れれば、それだけ連邦政府の影響度は弱くなる。険しい山岳地帯、鬱蒼とした密林、水分補給が難しい砂漠地帯での戦闘は非正規軍にとって有利となる場合が多い。軍事力とは、反乱軍と政府軍が所有する武器の性能と兵員の士気を示し、反乱軍の武器の質が政府軍のものより優れ、兵員の士気が高ければ、影響度が強いとする。そして、武装蜂起を促し、反乱を一定期間継続させるには有能なリーダーの指導力が欠かせない。反乱の大義を民衆に明示するリーダーの存在があってはじめて体制側に武装蜂起の正当性を突きつけることができる。反乱は卓越したリーダーなしには持続的な運

	カスタ戦争	ロペスの反乱	ロサダの反乱	ヤキの反乱
一．エスニック性	◎	△	○	◎
二．カトリック教	◎	△	○	◎
三．土着宗教	◎	△	△	◎
四．政府の統治力	△	◎	△	○
五．地理的条件	◎	△	◎	◎
六．軍事力	◎	△	◎	◎
七．リーダーシップ	○	◎	◎	◎

影響度の度合い：◎強い、○普通、△弱い。

動とはならず、単なる一時的な暴動や騒擾に陥ってしまう。そこでリーダーシップを変数とした。

カスタ戦争はマヤと白人間のエスニックな闘争が大きな特徴の一つである。だが、民族間戦争という観点だけから分析しようとすれば、その宗教的意味を見失う恐れがある。マヤが武装蜂起した主原因のひとつは、カトリック教会が植民地時代から課してきたオブベンシオン(宗教儀式への謝金)の負担の重さにあったことを勘考すれば、カトリック教会と反乱の関係は緊密である。カトリック教に反発した理由は、マヤ社会にスペイン人の征服以前から継承されてきたマヤの土着信仰の存在である。マヤの古代宗教との関わりについてはカネクの反乱過程の検証から明らかである。レルド法は、ユカタン半島が遠隔地であった上に政情がきわめて不安定であったために、連邦政府と州政府の統制が及ばず、カスタ戦争中も徹底されることはなかった。マヤ先住民軍は戦闘に敗れた場合は、いつでも密林に避難し、態勢を立て直すことができた。敵の侵入を阻むジャングルという後背地の存在はマヤに有利は環境を提供した。小集団で戦うマヤは最新式の武器をベリーズのイギリス人商人から入手していたので、旧式銃を主な武器とした政府軍とほぼ互角な闘いが可能であった。また語る十字架の託宣が兵員の士気を鼓舞した。マヤの主要な反乱者たち、パット、チ、アイはいずれも戦争初期に殺害され、その後、下克上を起こした小粒なリーダーたちが次々に狭い地域のリーダーとして名乗りを上げ、ゲリラ戦法で州政府軍に抵抗し、五〇年にも及ぶ膠着状態が続いた。マヤの反乱形態が小集団化したこともカスタ戦争が長期化した一因である。一人の強力なリーダーより小集団の複数のリーダーを軍事的に制圧するほうが、困難を伴うことを示したのが、カスタ戦争である。

フリオ・ロペスの反乱はメキシコ市近郊の農民の反乱という性格から都市の影響が著しく、地域のエスニック性は薄弱で、ロペス自身、チャルコ族という先住民のエスニック性をほとんど持ち合わせていないメスティーソである。ロペスの反乱が短期間で制圧されたのは、エスニック性の希薄さと関係があると言えるのではないか。宗教の関与に関しては、カトリック教も土着の宗教もほとんど反乱には影響を与えなかった。共有地の接収に関しては、フアレスの連邦政府は首都近郊における共同体の農地の私有地化をレルド法に則り積極的に推進した。チャルコは、連邦政府と州政府によってレルド法が最も徹底して実施された地域である。またチャルコの首都圏への近距離性が反乱に対する政府軍の迅速な対応を容易にし、逃げ場の少ない平原での戦いは反乱軍に不利に働き、短期間で反乱は鎮圧された。ロペス軍が手にした武器が旧式銃や山刀・斧では、首都から出動した近代的銃器を備えた連邦軍には抵抗できなかった。反乱のリーダーであるロペスは、ロダカナティが説く社会主義や無政府主義に強く影響を受け、チャルコ農民を組織化し、中央と州政府に対して果敢に挑戦した。チャルコは首都圏に位置したために、都市のインテリ層の思想が浸透しやすかった。リーダーシップに関しては、ロペスの強い指導力と説得力がなければ、反乱は勃発しなかったであろう。ロペスのリーダーシップが惹起した反乱ともいえる。

ロサダはコーラ族の血を引くメスティーソであり、彼の軍には多数のコーラ族やウイチョル族が参加した点ではエスニック性は強いが、軍の中枢を担ったのはメスティーソや白人である。またテピック地域の白人の政治家や実業家がロサダを政治的、経済的、思想的に支えたことを考えれば、先住民のエスニック性は相対的にそれほど高くはないといえる。宗教の影響力については、ロサダは「メキシコの困窮者であるインディオと市民へ」という宣言のなかで、カトリック教が社会の安寧に果たす役割を強調している。しかし、山岳部の土着宗教の反乱への影響はほとんど見られない。レルド法に関しては、農民共同体の保持をスローガンに掲げていたロサダにとって、同法は最も忌むべき対象であった。レルド法に毅然として反対したことが地域住民の賛同を得たのである。ハリスコ州は首都からおよそ五〇〇キロの距離に位置する。その距離から、レルド法の適用が厳格に実施されにくいと考えられやすいが、ハリスコ州はメキシコのなかでも最も早く独立直後から農民共同体の土地の私有地化に踏み切った州の一つである。テピック地域におけるレルド法の実施はロサダの反対によって中断したが、降水量が多く、肥沃なハリスコ州の平原は農地に適しているがゆえに農民の土地が州政府とアセンダドによって接収された。連邦政府ではなく州政府によって州南東部の農民の土地私有地化が実施されたことが、ハリスコ州の特徴である。また自由主義派と保守派の確執が政府の統治力を低下させ、ロサダの政治的介入を容易にした。ロサダが根城とした急峻なアリカ山地は政府軍の侵入を妨げ、ロサダに縦横無尽なゲリラ活動を許した。またバロン・フォーブス社がロサダ軍に提供した新式の銃器を使用することで正規の州政府軍を度々打ち破ることができた。リーダーシップに関しては、ロサダの類まれな軍事司令官としての能力なくしてはおよそ二〇年に及ぶ反乱の継続は不可能であり、テピックの政治的自治権の維持は困難であった。ハリスコ州政府とファアレスの連邦政府に対する対抗軸としてのロサダの存在は、テピック地方政治の象徴であった。

ヤキのエスニック性は際立っている。中央政府の影響が及びにくいメキシコ北西部に居住していたヤキは、その遠隔性ゆえにスペイン人の征服以前の独自の社会を維持できた。中央政府にとって半砂漠地帯は、低生産性の魅力に乏しい地域であり、そのためにヤキ社会への干渉は限定的であった。ヤキは植民地時代にカトリック教に改宗したが、イエズス会が植民地権力の影響力を極力排除したために、ソノラにはカトリック化した土着のヤキ社会という独特の世界が生み出された。イエズス会が新大陸から放逐され、さらにスペインから独立を勝ち取りメキシコという独立国家が成立した以降も、その独特の社会と制度は新潮流の影響を受けながらも保持された。カヘメがヤキ社会維持のためにメキシコ人との対抗軸としてテマスティアンという神官職を再生させたことは土着の宗教の復活を意味する。共有地の私有地化に関しては、当初、厳しい自然環境と首都までの距離が連邦政府の支配の強化を許さず、また自由主義者が保守派との権力闘争にエネルギーを割かれ、他地域に比べて徹底されなかった。しかし、ファアレスが政権を掌握しペスケイラが知事に就任してからはヤキへの攻勢は強まり、レルド法が適用されるようになった。ディアス独裁政権下ではディアス派のソノラの政治家が資本主義的農業を推進するアセンダドと結託し、ヤキの伝統的集団農業を侵食し、ヤキの反乱をすべて鎮圧した。だが、ヤキの土地闘争に関して注目すべき点は、他地域と異なり集約的農業を主とする伝統的アシエンダがヤキと全面的対決を回避した点である。これは乾燥地帯における人口過疎状態に起因する。アシエンダは恒常的に人手不足に悩まされており、ヤキは貴重な労働力であった。そのために政府に対して蜂起したヤキを匿うアセンダドもいたほどである。ヤキは半砂漠地帯を戦場とし、少数精鋭部隊で正規軍に対抗した。奇襲しては即座に後背地のバカテテ山地に逃げ込む「ヒット・エンド・ラン」という典型的なゲリラ戦法を取った。ソノラの地理的自然環境はヤキに有利に作用した。カヘメは州政府軍と戦うためには性能の良い武器の確保が不可欠であることを認識していた。そのために領域内に武器庫や武器修理場を建設した。積極的にガイマスの武器商人から新式の武器の購入に努め、不足する場合は、国境を越えたアリゾナからも武器を入手した。また、マンソ（穏健派）が武器を調達したことも、カヘメが少数の精鋭で州政府軍とほぼ互角に戦うことができた要因である。リーダーシップに関しては、カヘメやテタビアテという卓越した指導者が存在したことで、政府軍に痛烈なダメージを与え、土地の所有権と自治権を守り、ヤキ独自の社会が維持できたといえる。

以上の四地域の分析から、先住民のエスニック的紐帯が強ければ強いほど、信仰心が強ければ強いほど、政府の統治力が弱ければ弱いほど、中央政府から地理的に離れれば離れるほど、自然環境が厳しければ厳しいほど、武器と兵員の質が高ければ高いほど、またリーダーの統率力が長ずれば、長ずるほど、反乱は一過性の暴動とは異なり長引くと言える。つまり、先住民の紐帯、カトリック教、土着宗教、政府の統治力、中央政府からの地理的距離と自然環境、軍事力、指導力という七つの独立変数と反乱の持続性という従属変数の間に総じて正の相関関係が成立する。

公的アクターの政府、私的アクターのアシエンダ、共同的アクターの先住民農民の三者間の関係は、メキシコの独立以降、政府とアシエンダの関係が強化され、先住民農民は政府からの救済を享受できなくなった。植民地時代には常にではなかったにしろ、裁判所や為政者が土地係争に介入して農民側の共有地の権利を擁護した。スペイン王室は、アシエンダや鉱山を経営するクリオージョ階層の経済権力の拡大に必ずしも積極的ではなかった。そのため王室に人頭税を収める臣民である農民を保護することによって、アセンダドと農民の両勢力の均衡に努めた。だが、独立以降、スペイン人の政治家と官吏に代わり新国家の政治的指導者となったのは、主にクリオージョであった。クリオージョの政治家や官吏は往々にしてアシエンダの所有者であり、また鉱山主である場合が多かった。政治権力と経済権力がほぼ一体化し、取り残された農民を搾取する構造が一九世紀のメキシコ社会では支配的となった。行政と司法の支援を受けられず孤立した先住民農民は隷従するか、武装蜂起するかの二者選択を迫られた。後者を選択した先住民農民は、メキシコ各地で武装蜂起したのである。

あとがき

本書の主人公である先住民農民の指導者たちは全員が殺害され、天寿を全うしたものは一人もいない。マヤ先住民のハシント・カネクは、メリダの広場で八つ裂きにされた。マヌエル・アントニオ・アイはバジャドリーで民衆の前で公開処刑され、セシリオ・チは手下に殺された。そしてハシント・パットはチの部下に暗殺された。チャルコのフリオ・ロペスとテピックのマヌエル・ロサダは政府軍に捕らえられ、銃殺された。またソノラのカヘメも政府軍に銃殺され、テタビアテは政府軍と戦闘中に戦死した。

本書は、政府やアセンダドによる不当な土地の強奪によって、共同体を破壊された先住民農民たちの無念の思いを代弁する書である。彼らは理不尽な要求に対して敢然と大義を掲げ武装蜂起し、道半ばで倒れた。反乱の動機はすべて大義から生まれたものではないが、利己的理由から反乱を意図した場合にも、反乱者が帰属する先住民の農民共同体を守る闘いに帰着する。農民共同体を守るために立ち上がった彼らを、新聞は盗賊と呼び、政府は彼らの首に懸賞金をかけた。それにもかかわらず、汚名を着せられて縛に就いた先住民のリーダーたちは潔く死を受け入れた。カヘメが護衛官に自分の形見を妻に渡すように頼むと、護衛官は「そんな事態にはならない」と返答した。するとカヘメは、「死にゆく男にそんな気休めを言うものではない」と、毅然と答えた。

伝統的共同体を侵食する近代資本主義に対する最後の戦い。新しい波に呑まれることを潔しとしない者たちの反逆。旧習を否定する近代的システムへの抵抗。土地を奪われた者たちの怒り。家族を守ろうとした者たちの悲痛な叫び。彼らの闘争の記録は正史には綴られてはいない。言わば歴史の陰である。その陰に光をあてるのが本書の試みである。史料を読み進めば進むほど、彼ら先住民の土着的共同体への執着と回復願望が伝わってくる。共同体のために命を賭して戦った先住民たちの記録は、公文書館や図書館の奥深い書架に静かに眠っているだけである。十字架は密林のなかで朽ち果て、墓石は荒野の砂に埋もれてしまった。だが、死を恐れず政治・経済権力に抵抗し、大義に殉じた彼らの勲は伝説として神話として現代のみならず後世にも語り継がれていくであろう。

本書は、過去に紀要論文集や季刊誌に発表した拙稿を大幅に加筆修正し、一冊の本にまとめたものである。その際ラテンアメリカ研究者の方々から頂戴した貴重なご意見とご助言を参考にさせていただいた。また現地調査に当たり、メキシコ国立図書館・定期刊行物資料館、国立公文書館、エル・コレヒオ・デ・メヒコ図書館、エル・コレヒオ・デ・ハリスコ図書館、グアダラハラ大学図書館、ナヤリ自治大学図書館、ユカタン自治大学図書館では史料・書籍の自由な閲覧・複写の便宜をおはかりいただいた。これらの公的機関のご協力がなければ本書は日の目を見ることはなかった。関係者の皆様にはこの場をお借りして衷心より感謝申し上げたい。

最後に本書の出版をご快諾頂いた成文堂と拙稿を丁寧にお読みいただき、適切なご助言を頂いた編集者の小林等氏に心から御礼を申し上げる。

山　崎　眞　次

二〇一四年晩秋

参考文献

第1章

【新聞記事】

El Monitor Republicano : desde el abril de 1848 hasta el agosto de 1849 y desde el enero de 1878 hasta el diciembre de 1879（Hemeroteca Nacional de México）

【論文・書籍】

Aguirre Salvador, Rodolfo

“Más allá de los altares. Un Obispo de Felipe V frente al régimen de ingresos parroquiales en Yucatán, 1715-1728”, Hispania Sacra, LXⅢ 128, julio-diciembre 2011, pp. 469-499, España, 2011

Ancona, Eligio

Historia de Yucatán desde la época más remota hasta nuestros días, T. Ⅳ, M. Heredia Argüelles, Mérida, 1880

Antochiw, Michel

“The peace treaties of Chichanhá”, SAASTUN, August, 1997, pp. 83-112, Mérida, 1997

Baqueiro, Serapio

Ensayo histórico sobre las Revolución de Yucatán desde el año de 1840 hasta 1864, T. Ⅰ, Imprenta Literaria de Eligio Ancona, 1865

T. Ⅱ, Imprenta de Manuel Heredia Argüelles, 1879

T. Ⅲ, Tiopografía de G. Canto, Mérida, 1887

Bartolomé, Miguel Alberto

La insurrección de Canek, Un movimiento mesiánico en el Yucatán Colonial, Cuaderno de los Centros Regionales, INAH, México, 1978

Berzunza Pinto, Ramón

Desde el fondo de los siglos, Exégesis Histórica de la Guerra de Castas, Editorial Cultura, México, 1949

Betancourt Pérez, Antonio y Sierra Villareal, José Luis

Yucatán una historia compartida, SEP, México, 1984

Bracamonte y Sosa, Pedro

La encarnación de la profecía Canek en Cisteil, Colección Peninsular, México, 2004

Bricker, Victoria Reifler

The Indian Christ, the Indian King. The Historical Substrate of Maya Myth and Ritual, University of Texas Press, Austin, 1981

Careaga Viliesid, Lorena

Hierofanía combatiente, lucha, simbolismo y religiosidad en la Guerra de Castas, Universidad de Quintana Roo, Quintana Roo, 1998

Carrillo y Ancona, Crescencio

Estudio histórico sobre la raza indígena de Yucatán, Tipografía de J.M. Blanco, Veracruz, 1865

Chamberlain, Robert, The conquest and colonization of Yucatan, 1517-1550

Carnegie Institution of Washington Publication 582, Washington D.C., 1948

Dumond, Don E.

The Machete and the Cross, Campesino Rebellion in Yucatan, University of Nebraska Press, Nebraska, 1997

Durán, Diego

Historia de las Indias de Nueva España e Islas de Tierra Firme, 2 Ts, Porrúa, México, 1967

Ferrer Muñoz, Manuel

"Los indígenas yucatecos en el marco constitucional español de 1812", TZINTZUN, Revista de Estudios Históricos, N. 32, julio-diciembre del 2000, pp. 9-34, México, 2000

Flores Escalante, Justo Miguel

"¿Separatismo, autonomía o soberanía? Yucatán, 1821-1848", Quezada y Ortiz Yam (coords.), Yucatán en la ruta del liberalismo mexicano, siglo XIX, pp. 169-217, Universidad Autónoma de Yucatán, Mérida, 2008

Florescano, Enrique

Memoria mexicana, FCE, México, 1994

Etnia, Estado y Nación, Taurus, México, 2001

Gendrop, Paul

Arte prehispánico en Mesoamérica, Trillas, México, 1976

Góngora Biachi, Renan A. y Ramírez Carrillo, Luis A.

Valladolid : una ciudad, una región y una historia, Universidad Autónoma de Yucatán, Mérida, 2000

González Navarro, Moisés

Raza y tierra, la guerra de castas y el henequén, El Colegio de México, México, 1979

Jones, Grant D.

Maya Resistance to Spanish Rule : Time and History on a Colonial Frontier, University of New Mexico Press, Albuquerque, 1989

Lapointe, Marie

Los mayas rebeldes de Yucatán, Secretaría de Educación de Gobierno del Estado, Mérida, 1997

Moreno, Pablo

Jacinto Can-Ek : "Relación del suceso de Quisteil", Registro Yucateco 1, pp. 81-96, 1845

Peniche Rivero, Piedad

"Oponiéndose al capitalismo en Yucatán. La causa de los rebeldes de la Guerra de Castas (1847-1850)",

Desacatos, núm. 9, primavera-verano 2002, pp. 148-160, CIESAS, México, 2002

Pimentel, Francisco

Memoria sobre las causas que han originado la situación actual de la raza indígena de México y medidas de remediarla, Imprenta de Andrade y Escalante, México, 1864

Quintal Matín, Fidelio (introducción y comentario)

"Proceso y ejecución de Manuel Ay Tec, Caudillo campesino de Chichimila, Yucatán", pp. 21-43, Boletín de la Escuela de Ciencias Antropológicas de la Universidad de Yucatán, Vol. 13, No. 76, Mérida, 1986

Correspondencia de la Guerra de Castas : epistolario documental, 1843-1866, Universidad Autónoma de Yucatán, Mérida, 1992

Reed, Nelson

The Caste War of Yucatan, Stanford University Press, California, 1964

"White and Mestizo leadership of the Cruzoob", SAASTUN, April, 1997, pp. 63-88, Mérida, 1997

Riva Palacio, Vicente y otros

México a través de los siglos, T. Ⅳ. Editorial Cumbre, México, 1884-1889

Rocher Salas, Adriana

"La política eclesiástica regia y sus efectos en la diócesis de Yucatán", Revista complutense de Historia de América, 2004, vol. 30, pp. 53-76, Universidad Complutense de Madrid, Madrid, 2004

La disputa por las almas. Las órdenes religiosas en Campeche, Siglo XVIII, CONACULTA, México, 2010

Rodríguez Peña, Javier

Guerra de Castas. La Venta de indios mayas a Cuba, 1848-1861, Consejo Nacional para la Cultura y las Artes, México, 1990

Rugeley, Terry

Rebellion Now and Forever, Mayas, Hispanics, and Caste War Violence in Yucatan, 1800-1880, Stanford

University Press, California, 2009

Serrano Catzin, José E.

"La Iglesia de Yucatán y Campeche a través de las Memorias, 1827–1857, Campeche a través de las Memorias de los gobernadores, Evolución política y administrativa, 1826–1862", Colección Bicentenario Campeche Solidario, Campeche, 2010

Sierra O'Reilly, Justo

Los indios de Yucatán. Consideraciones históricas sobre la influencia del elemento indígena en la organización social del país, T. I, Universidad Autónoma de Yucatán, Mérida, 1994

La Guerra de Castas, Testimonios de Justo Sierra O'Reilly y Juan Suárez y Navarro, CONACULTA, México, 2002

第2章

【新聞・雑誌】

Hemeroteca Nacional de México

El Globo / febrero, marzo, junio y julio de 1868

El Monitor Republicano / marzo y junio de 1868

El Siglo XIX / abril y junio de 1868

La Opinión Nacional / junio de 1868

La Revista Universal / junio de 1868

【論文・書籍】

ビーチャー、ジョナサン（Beecher, Jonathan）

『シャルル・フーリエ伝—幻視者とその世界』（Charles Fourier, The visionary and his world）、福島知己訳、作

品社、二〇〇一年
バクーニン、ミハイル（Bakunin, Mikhail）
『バクーニンⅠ』、アナキズム叢書、石堂清倫、勝田吉太郎、江口幹訳、三一書房、一九七〇年
佐藤茂行（Sato, Shigeyuku）
『プルードン研究』、木鐸社、一九七五年
山﨑眞次（Yamasaki, Shinji）
「アリカの虎、マヌエル・ロサダの反乱１」（The Rebellion of Manuel Lozada, the Tiger of Alica 1）、早稲田大学政治経済学部『教養諸学究』、一三〇号、二〇一一年
Actas de cabildo, lib. 6, lib. 7
México, DF., 1988
Anaya Pérez, Marco Antonio
Rebelión y Revolución en Chalco-Amecameca, Estado de México, 1821-1921, T. Ⅰ, Chalco 1868 ¡viva el socialismo!, Universidad Autónoma Chapingo, 1997
Artís Espriu, Gloria
"La tierra y sus dueños：Chalco durante el siglo XVIII", Tortolero, Alejandro, Entre lagos y volcanes, Chalco Amecameca：pasado y presente. Volumen I, pp. 195-225, El Colegio Mexiquense, A.C., 1993
Arizcorreta, Mariano
Manifestación que hace el C. Mariano Arizcorreta contra la comunicación dirigida a los propietarios de fincas rústicas., LAF, 1849
Borah, Woodrow
El siglo de la depresión en Nueva España, Ediciones Era, México, 1982
Díaz Ramírez, Manuel
Apuntes sobre el movimiento obrero y campesino, Ediciones de Cultura Popular, México, 1979

Falcón, Romana

El Estado liberal ante las rebeliones populares, México, 1867-76, El Colegio de México, México, 2005

Faure, Sebastián

Enciclopedia Anarquista, T. Ⅰ. Tierra y Libertad, México, 1972

García Icazbalceta, Joaquín

Nueva colección de documentos para la historia de México. Cartas de religiosos de Nueva España, Chávez Hayhoe, México, 1941

García Cantú, Gastón

El socialismo en México siglo XIX, Ediciones Era, México, 1969

Hart, John Mason

Los anarquistas mexicanos 1600-1900, SEP, México, 1974

Anarchism & the Mexican working class, 1860-1931, University of Texas Press, Austin, 1978

Illades, Carlos

Rhodakanaty y la formación del pensamiento socialista en México, UAM, México, 2001

Jalpa Flores, Tomas

Tierra y sociedad, La apropiación del suelo en la región de Chalco durante los siglos XV-XVII, INAH, México, 2008

Palerm, Ángel

Obras hidráulicas prehispánicas en el sistema lacustre del valle de México, SEP-INAH, México, 1973

Pani, Erika

“Reseña de Rhodakanaty y la formación del pensamiento socialista en México de Carlos Illades”, Signos Históricos, enero-junio, número 011, pp. 158-163, Universidad Autónoma Metropolitana-Iztapalapa, México, 2004

Powell, T.G.

El liberalismo y el campesinado mexicano en el centro de México, 1850 a 1876, SEP, México, 1974

Reina, Leticia

Las rebeliones campesinas en México, 1819-1906, Siglo XXI, México, 1980

Rhodakanaty, Plotino

Escritos, Centro de Estudios Históricos del Movimiento Obrero Mexicano, México, 1976

Semo, Enrique

Siete ensayos sobre la Hacienda Mexicana 1780-1880, SEP-INAH, México, 1977

Tortolero Villaseñor, Alejandro

¿Anarquistas, ambientalistas o revolucionarios? La conflictividad rural en Chalco. San Francisco Acuautla contra Zoquiapa, 1850-1868, Revista de Historia, No. 59-60, enero-diciembre 2009, pp15-34, Universidad Nacional y la Universidad de Costa Rica, 2009

Tutino, John

"Agrarian social change and peasant rebellion in nineteenth-century Mexico : The example of Chalco", Katz, pp. 95-140, Friedrich, Riot, rebellion and revolution. Rural social conflict in Mexico, Princeton University Press, New Jersey, 1988

"Entre la rebelión y la revolución : comprensión agararia en Chalco, 1870-1900", Tortolero, Alejandro, Entre lagos y volcanes Chalco Amecameca : pasado y presente. Volumen I, pp. 365-412, El Colegio Mexiquense, A. C., México, 1993

Valadés, José

"La insurrección de Chalco (mayo 1869)", La protesta (Suplemento mensual), Buenos Aires, 1 de mayo de 1924

"Cartilla Socialista de Plotino C. Rhodakanaty, Noticia sobre el socialismo en México durante el siglo XIX",

Estudio de Historia Moderna y Contemporánea de México, V. 3, pp. 8-66, Instituto de Investigación Histórica, México, 1970

Vázquez Valdovinos, Ernesto

La rebelión agraria de Julio López Chávez en el México del Siglo XIX, UNAM, México, 1990

"¿Anarquismo en Chalco?" Tortolero, Alejandro, Entre lagos y volcanes Chalco Amecameca : pasado y presente. Volumen I, pp. 265-300, El Colegio Mexiquense, A.C., México, 1993

第3章

【論文・書籍】

Aldana Rendón, Mario 1.

La Rebelión agraria de Manuel Lozada, CONAFE, México, 1983

Aldana Rendón, Mario 2.

Manuel Lozada y las comunidades indígenas, Centro de Estudios Históricos en México, México, 1983

Aldana, Mario A., Luna, Pedro, Muría, José y Peregrina, Angélica（ALMP）

Manuel Lozada hasta hoy, El Colegio de Jalisco, Guadalajara, 2007

Barba González, Silvano

La lucha por la tierra, Manuel Lozada, México, 1956

Bazant Jan

Breve historia de México, De Hidalgo a Cárdenas（1805-1940）, Ed. Coyoacán, México, 1995

Buelna, Eustaquio

Breves Apuntes para la Historia de la Guerra de Intervención en Sinaloa, Imprenta y Estereotipia de Retes, Mazatlán, 1884

Camacho, Arturo

Manuel Lozada, Bandolero benefactor, Amate Ed. México, 2008
Frazer Chris
Bandit Nation, A history of outlaws and cultural struggle in Mexico, 1810-1920, University of Nebraska Press, Nebraska, 2006
Godoy, Bernabé
"La batalla de la Mojonera", Manuel Lozada hasta hoy, El Colegio de Jalisco, Guadalajara, 2007
Guerra, François-Xavier
México : del Antiguo Régimen a la Revolución, T. I., FCE, México, 1995
Hobsbawn, Eric
Bandits, Weidenfield & Nicolson, London（ホブズボーム、エリック、匪賊の社会史、船山栄一訳、ちくま学芸文庫、二〇一一年）1969
Juan Panadero（periódico）, N. 106, tomo Ⅲ, agosto de 1873, Guadalajara
Las Casa, Bartolomé de
Tratados I, Brevísima relación de la destrucción de las Indias, pp. 15-199, FCE, México, 1974
López González, Pedro
"El pueblo de San Luis de 1828 a 1873", Manuel Lozada, Luz y sombra, Universidad Antónoma de Nayarit, Tepic, 1999
Ludlow, Leonor
El Banco Nacional Mexicano y El Banco Mercantil Mexicano : Radiografía social de sus primeros accionistas, 1881-1882, Historia Mexicana, vol XXXIX, abril-junio 1990, num. 4, El Colegio de México, México, 1990
Meyer Jean
Problemas campesinos y revueltas agrarias（1821-1910）, Sepsetentas, México, 1973
Esperando a Lozada, CONACYT, México, 1984

Breve historia de Nayarit, FCE, México, 2005

La tierra de Manuel Lozada, Universidad Autónoma de Nayarit, Tepic, 2008

Pérez Lete（editor）

Colección de los decretos, circulares y órdenes de los poderes legislativo y ejecutivo del Estado de Jalisco, Guadalajara, 1877

Pérez Rayón, Nora

Entre la tradición señorial y la modernidad：la familia Escandón Barrón y Escandón Arango, Formación y desarrollo de la burguesía en México durante el porfirismo（1890–1910）UAM, México, 1995

Powell, Philip Wayne

Mexico's Miguel Caldera. The Taming of America's First Frontier（1548–1597）, The University of Arizona Press, Tucson, 1977

Reina, Leticia

Las rebeliones campesinas en México（1819–1906）,“Tigre de Álica, 1857–1881”, Siglo Veintiuno, pp. 185–228, México, 1980

Robinson, Amy

Manuel Lozada and the Politics of Mexican Barbarity. The Colorado Review of Hispanic Studies, Vol. 4. Fall, 2006, Colorado, 2006

Tello, Antonio

Libro segundo de la Crónica miscelánea de la Santa Provincia de Xalisco, Imprenta de la República Literaria, Guadalajara, 1891

Tutino, John

“Agrarian social change and peasant rebellion in Nineteenth–Century Mexico：The example of Chalco”, pp. 95–140, Katz, Friedrich, Riot, rebellion and revolution. Rural social conflicto in Mexico, Princeton

University Press, New Jersey, 1988
Urías Hermosillo, Margarita
"Manuel Escandón：De las diligencias al ferrocarril. 1833-1862". Formación y desarrollo de la burguesía en México, Siglo XIX, México, 1978
Vigil, José María, Híjar y Haro, Juan B.
Ensayo Histórico del ejército de occidente, Tomo Ⅲ, Talleres de Tipografía Etcétra, Guadalajara, 1970
Zavala, Silvio
Apuntes de historia nacional 1808-1974, FCE, México, 1990

第4章

【公文書】

Archivo General de la Nación（AGN）：Archivo Histórico de Hacienda, General de Parte, Bandos

【新聞記事】

Hemeroteca Nacional：El Monitor Republicano

【書籍・論文】

Aguilar Camín, Hector
La revolución sonorense, 1910-1914, El Colegio de México. México, 1975
La frontera nómada, Sonora y la Revolución Mexicana, Cal y Arena, México, 1977
Alarcón Menchaca, Laura
José María Maytorena, una biografía política, Universidad Iberoamericana, México, 2004
Almada Bay, Ignacio

"1915 : Maytorenismo, rebelión indígena y violencia social", Memoria del XVII simposio de Historia y Antropología. V. 2, pp. 19-78, Universidad de Sonora, Sonora, 1994

Balbás, Manuel

Recuerdos del yaqui : principales episodios durante la campaña de 1899 a 1901, México, 1927

Corral, Ramón

Memoria de la Administración pública del Estado de Sonora, Imprenta de E. Gaxiola & Cía, Guaymas, 1891

Obras históricas, Biblioteca Sonorense de Geografía e Historia, Hermosillo, 1959

Figueroa, Alejandro

Por la tierra y por los santos, identidad y persistencia cultural entre yaquis y mayos, Consejo Nacional para la cultura y las artes culturales populares, México, 1994

Florescano, Enrique

Etnia, Estado y Nación, Taurus, México, 2001

Gámez Chávez, Javier

Lucha social y formación histótica de la autonomía yaqui-yoreme 1884-1939, UNAM, México, 2004

Gouy-Gilbert, Cécile

Una resistencia india, los Yaquis, INI, México, 1985

Henderson, Peter

"Un gobernador maderista : José María Maytorena y la revolución en Sonora", Historia de México, LI 1, pp. 151-185, El Colegio de México, México, 2001

Hernández Silva, Héctor Cuauhtémoc

Insurgencia y Autonomía, Historia de los pueblos yaquis : 1821-1910, CIESAS, México, 1996

Hu-DeHart, Evelyn

Yaqui Resistance and Survival, The Struggle for Land and Autonomy 1821-1910, The University of

Wisconsin Press, Wisconsin, 1984

"Peasant Rebellion in the Northwest : The Yaqui Indians of Sonora, 1740–1976", pp. 141–175, Katz, Friedrich, Riot, Rebellion and Revolution. Rural Social Conflict in Mexico, Princeton University, New Jersey, 1988

Ortega Noriega, Sergio

"La misión jesuítica como instrumento de sujeción en el Noroeste Novohispano", La religión y los jesuitas en el Noroeste Novohispano, Memoria V. II, El Colegio de Sinaloa, Culiacán, 1975

Padilla Ramos, Raquel

Progreso y libertad, Los yaquis en la víspera de la repatriación, Programa Editorial de Sonora, Sonora, 2006

Turner, John Kenneth

Barbarous Mexico, Charles H. Kerr & Company, Chicago, 1911

Tutino, John

"Agrarian social change and peasant rebellion in nineteenth-century Mexico : The example of Chalco", pp. 95–140, Katz, Friedrich, Riot, rebellion and revolution. Rural social conflict in Mexico, Princeton University Press, New Jersey, 1988

Velasco Toro, José

La rebelión ante el avance del capitalismo en Sonora durante el siglo XIX, Universidad de Veracruz, Veracruz, 1985

関連年表

西暦	出来事
BC二〇〇〇年	トウモロコシ栽培による定住農耕生活が始まる。
AC三〇〇〜六〇〇年	テオティワカンの繁栄。マヤ文明の発展。
六〇〇〜九〇〇年	マヤ文明の繁栄。
九〇〇〜一二〇〇年	ユカタン半島でチチェン・イッァー、ウシュマルの繁栄。
	マヤ・トルテカ文明の隆盛。
一二〇〇〜一五〇〇年	ユカタン半島でマヤ小都市の割拠。
一三二五年頃	アステカ族がメキシコ盆地に定住する。
一三二五〜一五二一年	アステカ族がメキシコ盆地を征服し、中央高原で帝国を確立する。
一四九二年	コロンブスがアメリカ大陸を「発見」する。
一四九九年	コロンブスがエスパニョーラ島にエンコミエンダを導入する。
一五一九年	エルナン・コルテスがベラクルスに上陸する。
一五二一年	エルナン・コルテスがアステカ帝国を滅ぼし、メキシコの植民地時代が始まる。
一五二六年	フランシスコ・デ・モンテホがユカタン半島の征服に着手する。

一五三〇～一五三一年	ヌーニョ・デ・グスマンがミチョアカン、ハリスコを征服し、グアダラハラ市を建設する。
一五三三年	ディエゴ・デ・グスマンがヤキ領域に侵入したが、ヤキに撃退される。
一五三五年	ヌエバ・エスパーニャ（メキシコ）の初代副王のアントニオ・メンドサがメキシコ市に着任する。
一五四一～一五四二年	グアダラハラ北方でチチメカ族とのミシュトン戦争。
一五四二年	フランシスコ・デ・モンテホがユカタン半島西部を征服し、メリダを建設する。
一五四五年	北部のサカテカスで銀山が発見される。
一五五〇～一五九〇年	北部辺境地帯でチチメカ戦争。
一五七二年	イエズス会がメキシコで布教活動を開始する。
一五八〇年	アンドレス・ココムがカンペチェで反乱する。
一六〇六～一六一〇年	ヤキとスペイン軍の戦闘状態。ヤキは一六一〇年以降にイエズス会の改宗を受け入れる。
一六一八年	フランシスコ会士のフエンサリダとオルビタがイツァー王国のタヤサルに布教のため入る。
一六二三年	イエズス会はソノラのヤキを集住させ、八グループに分割する。
一六九五年	フランシスコ会士のアベンダーニョが布教のためタヤサルに入る。
一六九六～一六九七年	スペイン軍がイツァー王国のタヤサルを征服する。

一七一六～一七二六年	パラダ司教がユカタン地方の教会改革を実施する。
一七二二年	ナヤリ地方の先住民（チチメカ族）がスペイン王室に恭順する。
一七四〇年	ヤキの反乱が勃発する。
一七六一年	ハシント・カネクの反乱。
一七六七年	イエズス会が新大陸から追放される。
一七六八年	ホセ・ガルベスがサンブラス港を開く。
一七七八年	スペイン王室がカンペチェに関税を減額・免除する。
一八一〇～一八二一年	メキシコのスペインからの独立戦争。一八二一年、メキシコの独立。
一八二三年	ユカタンがメキシコに編入する。テピックにバロン・フォーブス社が設立される。
一八二四年	メキシコ連邦共和国憲法が公布される。
一八二五年	グアダルーペ・ビクトリアがメキシコ初代大統領となる。
一八二五年	ヤキのフサカメア（バンデラス）の反乱。一八三三年、政府軍に処刑される。
一八三三年	サンタ・アナが大統領に就任する。
一八三五年	サンタ・アナが連邦憲法を廃止し、中央集権的「国家基本法」を公布する。テキサスが独立を宣言する。
一八三六年	サンタ・アナがテキサスのアラモ砦を陥落させる。

一八三九年	ユカタンでサンティアゴ・イマンがサンタ・アナに対して反乱を起こす。
一八四一年	ユカタン州憲法が公布される。
一八四三年	ユカタンがメキシコに復帰する。
一八四五～一八五四年	ヤキとマヌエル・マリア・ガンダラの連帯。
一八四六年	アメリカ合衆国とメキシコの戦争（米墨戦争）が始まる。カンペチェがメキシコに反旗を翻す。
一八四七年	カンペチェ軍によるバジャドリーの虐殺。ユカタンで「カスタ戦争」が勃発する。マヌエル・アントニオ・アイが謀反の容疑で処刑される。アメリカ軍がメキシコ市を占領する。
一八四八年	米墨間にグアダルーペ・イダルゴ条約が結ばれ、メキシコは国土の過半を失う。反乱マヤ軍が半島西部から撤退する。セシリオ・チが殺害される。
一八四九年	ハシント・パットがチの部下に暗殺される。
一八五〇年頃	チャン・サンタ・クルスが建設される。
一八五三年	サンタ・アナが亡命先から帰国し、大統領職に復帰する。
一八五四年	サンタ・アナ政権の打倒を目指すアユトラ事変が起こる。
一八五六年	永代所有財産解体法（レルド法）が公布される。
一八五七年	自由主義憲法が公布される。マヌエル・ロサダがサン・ルイス近郊のアシエンダを襲撃する。ソノラで自由主義者のイグナシオ・ペスケイラが知事に選出される。

一八五八年	自由主義派と保守派間のレフォルマ（改革）戦争が始まる。
一八六一年	ファレス軍がレフォルマ戦争に勝利する。プロティノ・ロダカナティがメキシコに来る。
一八六二年	ロサダがハリスコ州政府とポチョティタン協定を結び、テピックを支配下に置く。
一八六二～一八六三年	スペイン軍、フランス軍、イギリス軍がベラクルスに上陸する。フランス軍がメキシコ市を占領する。
一八六三年	チャン・サンタ・クルスが衰退に向かう。
一八六四年	マキシミリアン大公がメキシコ皇帝として即位する。
一八六五年	ロダカナティがチャルコに農業コロニーを建設する。
一八六七年	マキシミリアン皇帝がケレタロで処刑される。ファレスが大統領に選出される。
一八六八年	チャルコでフリオ・ロペスが反乱する。ロペスは捕縛され銃殺される。
一八七〇年	ロサダが「メキシコの困窮者であるインディオと市民へ」という呼びかけを全国に行う。
一八七一年	ファレスが大統領に再選される。
一八七二年	ファレスが急死し、セバスティアン・レルドが大統領に選出される。
一八七三年	ロサダがラ・モホネラの戦いで敗れる。ロサダが銃殺される。
一八七五年	カヘメが州政府軍を撤退させる。
一八七六年	ポルフィリオ・ディアスがレルドに対して蜂起し、暫定大統領に就任する。一九一一年までディアス独裁政権が続く。

一八七八年	ソノラでディアス派のトーレス、コラル、イサバルの三頭政治が始まる。
一八八三年	拓殖法が公布される。
一八八六年	カヘメがエル・アニルで州政府軍に敗れる。
一八八七年	カヘメが捕縛され、銃殺される。
一八九〇年	カルロス・コナントがソノラ・シナロア灌漑株式会社を設立し、ヤキ川とマヨ川流域を開発する。
一八九二年	鉱山法が公布される。
一八九七年	ヤキのテタビアテが州政府軍とオルティス休戦協定を結ぶ。
一九〇〇年	テタビアテ軍がマソコバの戦いで州政府軍に敗れる。戦争捕虜のヤキがユカタンのアシエンダに奴隷として売られる。
一九〇一年	チャン・サンタ・クルスが陥落する。テタビアテが戦死する。
一九一〇年	フランシスコ・マデロがディアス政権打倒を国民に呼びかけ、メキシコ革命が勃発する。エミリアーノ・サパタがモレロスで武装蜂起する。
一九一一年	フランシスコ・ビジャがチワワで政府軍を破る。ディアスがフランスへ亡命する。マデロが大統領に就任する。ホセ・マリア・マイトレナがソノラの暫定州知事に就任する。ヤキがマデロとタクバヤ協定を結ぶ。
一九一三年	ビクトリアノ・ウエルタ将軍がマデロを暗殺する。ベネスティアノ・カランサがウエルタ打倒の護憲運動（一八五七年憲法の遵守）を始める。

一九一四年	カランサが暫定大統領に就任する。アグアスカリエンテス会議でカランサ派とビジャ・サパタ派が対立する。
一九一五年	護憲派のアルバロ・オブレゴン将軍がビジャ軍をセラヤで破る。
一九一七年	メキシコ新憲法が公布される。
一九一九年	サパタが暗殺される。
一九二〇年	カランサが暗殺される。オブレゴンが大統領に就任する。
一九二三年	ビジャが暗殺される。
一九二四年	プルタルコ・エリアス・カジェスが大統領に就任する。
一九二六年	オブレゴンがヤキの最後の反乱を鎮圧する。
一九二八年	オブレゴンが暗殺される。
一九二九年	カジェスが制度的革命党（PRI）の前身、国民革命党（PNR）を結成する。
一九三四年	ラサロ・カルデナスが大統領に就任し、農地改革に着手する。
一九三六年	国立エヒード信用銀行が創設される。
一九三七年	ヤキ川流域とユカタン半島に集団エヒード（共有地制度）が導入される。

事項索引

同一事項が複数の呼称で登場する場合は一方に統一しています

ア

カ

サ

ヤ

ラ

人名・地名索引

人名は原則として原語の表記にならい、フルネームで表記しています。また、同一人物が複数の呼称で登場する場合は一方に統一しています。

ア

カ

サ

タ

ヤ

ラ

著者紹介

山﨑眞次（やまさき　しんじ）
1948年、長崎県生まれ。
早稲田大学卒業、メキシコ国立自治大学博士課程退学。
現在、早稲田大学教授・政治学博士（早稲田大学）。

主要著書

『古代のメキシコ人』（翻訳、早稲田大学出版部、1985年）
『インディオの挽歌』（翻訳、成文堂、1994年）
『話せるスペイン語』（NHK出版、1998年）
『スペインの政治』（共著、早稲田大学出版部、1998年）
『入門者のためのスペイン語個人レッスン』（白水社、1999年）
『メキシコ　民族の誇りと闘い』（新評論、2005年）
『ラテンアメリカ世界のことばと文化』（編著、成文堂、2009年）

メキシコ先住民の反乱
敗れ去りし者たちの記録

2015年1月20日　初版第1刷発行

著　者　山　﨑　眞　次

発行者　阿　部　耕　一

〒162-0041　東京都新宿区早稲田鶴巻町514番地
発行所　株式会社　成　文　堂
電話 03(3203)9201　Fax 03(3203)9206
http://www.seibundoh.co.jp

製版・印刷　三報社印刷　　製本　弘伸製本

ISBN 978-4-7923-7102-9 C3022
定価(本体3400円＋税)